私たちの津久井やまゆり園事件

障害者とともに〈共生社会〉の明日へ

堀 利和 編著

社会評論社

私たちの津久井やまゆり園事件――障害者とともに〈共生社会〉の明日へ　＊目次

プロローグ　津久井やまゆり園事件と私たちの原点

堀　利和

植松被告は津久井やまゆり園の重度重複知的障害者を殺したが、われわれはすでに彼らを地域社会から抹殺していた。

植松被告は津久井やまゆり園の重度重複知的障害者の命を殺したが、親・兄弟姉妹は彼らの名前を抹消した。

われわれの善意と恥の意識が、津久井やまゆり園の重度重複知的障害者を、被害と加害の関係性の中で殺した。

津久井やまゆり園のこの事件は、殺した者が殺され、殺された者が生き還るという輪廻の世界を打ち立てた。

一九七三年、一年と九か月に及ぶ府中療育センター闘争があった。それは、東洋一といわれた病院に併設された重症心身障害者の都立収容施設の入所者からおきた。

外出も外泊も自由ではなく、プライバシーはなく、女性の入浴介護も同性介護の原則とはほど遠い男性職員による介護、処遇困難を理由に女性は髪を短く切られ、それが障害者の「ため」の収容施設である。他の収容施設では、処遇困難から子宮摘出が行われたりもした。これが六〇年代中葉から始まったコロニー政策であった。それは、「拝啓　総理大臣　殿」の水上勉の手紙、この一通の手紙が国を動かした。こうして、コロニー政策が本格化していった。障害者の「ため」の。

府中療育センター入所者の反乱、それは時代が生みだした障害者の一つの反乱であった。彼らは、「鳥は空に、魚は海に、人は社会に」と訴えた。施設から地域社会へである。

テント闘争は都庁第一庁舎本館前で行われた。美濃部革新都政の時代である。

美濃部知事が選挙に出た時、右翼は都庁の屋上に赤旗が立つと宣伝を行ったが、屋上にではなく、都庁第一庁舎本館前のテントの脇にそれは立った。

美濃部革新都政に対してのテント闘争には、革新の側からの批判がなかったわけではない。だが、それがたとえ革新都政であっても、府中療育センター闘争は行われなければならなかった。障害者の尊厳と自由と人間性の復権をかけて——。

「母よ！　殺すな」。これは、神奈川県青い芝の会の闘争の、告発運動の原点であった。

母親による障害児殺しの事件に対して、地域住民は母親の減刑嘆願運動を始めた。事件の原因は福祉の貧困にあるとして、それにより、母親への同情がそのような減刑嘆願運動になったのである。犠牲は母親に向けられた。殺された障害児にではなく——。

殺された側の障害児に付与された論理、「やむを得ない」「仕方がない」「無理もない」、すなわち合意の犠牲の論理である。これに対して、母親には同情の犠牲の論理が寄せられた。それは、善良な市民の論理である。

「母よ！　殺すな」。青い芝の会は減刑嘆願運動に抗議した。殺された障害児の存在に、自らの存在を重ねた。重度脳性マヒ者は健全者に殺される存在。だが、青い芝の会のこの告発運動は、必ずしも多くの市民に理解されたわけではない。それを津久井やまゆり園の事件と重ね合わせてみると、どうなるか。母親と植松被告、障害児と重度重複知的障害者、この両者の不一致の関係性にぶつかる。これを一体どう理解すればよいのであろうか。

殺された障害児に同情はなく「やむをえない」、殺した母親に同情の「減刑嘆願」VS犠牲になった重度重複知的障害者に哀悼、殺した植松被告に「措置入院者批難」。福祉の貧困と優生思想。福祉の貧困も優生思想も、実は犠牲者は通底している。福祉の貧困も優生思想も、そこでは正当化されるのである。それらを根源的にひっくり返そうとしたのが、障害者性への主体の確立であった。青い芝の会の主体性の確立なのである。それは、告発糾弾闘争を原理とした「行動綱領」に体現される。それを意味する重要なキーワードとしては、「健全者幻想解体」である。健全者になろうとする、近づこうとする、だがなれない。幻想は苦しくも自己否定につながる。だからその幻想を捨てて、自ら脳性マヒ者として、障害者として自己肯定的に生きていくことを意味する。

全国青い芝の会総連合会行動綱領（一九七五年）

一、われらは、自ら脳性マヒ者であることを自覚する。

一、われらは強烈な自己主張を行なう。

一、われらは愛と正義を否定する。
一、われらは健全者文明を否定する。
一、われらは問題解決の路を選ばない。
われらは以上五項目の行動綱領に基き、脳性マヒ者の自立と解放を掲げつつ、すべての差別と闘う。

津久井やまゆり園事件の原点はこの七〇年代にある。津久井やまゆり園の再建問題は、脱施設の府中療育センター闘争にあり、津久井やまゆり園の重度重複知的障害者の殺傷事件は、障害児殺しにある。この二つの問題は、七〇年代初頭と二〇一六年七月二六日とに重なる。

府中療育センターに収容されていた重症心身障害者と、元通りの大規模施設の建て直しを求める家族会、しかしそこには決定的な真逆の対立がある。他方、殺した母親への「減刑嘆願」運動と障害児殺しの思想、「保護者の疲れきった表情」「障害者は不幸を作ることしかできません」（植松被告の手紙）と障害児殺しの思想、七〇年代はまだ終わっていない。七〇年代と二〇一六年七月二六日の間にどんな断絶があったのか、なかったのか。

八〇年代は国際障害者年とノーマライゼーション。欧米の自立生活運動の導入。九〇年代はバリアフリー運動。二〇〇〇年代は障害者権利条約批准運動。たしかにこうしてみるとすでに七〇年代は歴史の置き土産になっていった感もあるが、それをただ世代論や時代論にしてしまってよいのであろうか。というのも、言い換えれば、自立生活運動も障害者権利条約の理念も実は七〇年代にその萌芽があったといえるからである、欧米より先に。だが、残念ながらそれを政策化することを許さない時代情況であった。せいぜい、生活保護制度に「全身性介護人派遣事業」を新設させたぐらいである。いや、初めて介護制度をつくらせたという点ではきわめて画期的なことである。

ワイツゼッカー大統領は、第二次世界大戦終戦四〇年を記念する演説で、「過去に目を閉ざす者は、現在にも盲目になる」と述べた。私は言う。七〇年代に目を閉ざす者は、現在にも盲目になろ、と。

そして、精神病者の状況についても同様である。七〇年代に保安処分体制粉砕闘争が若手精神科医から起きた。先進的な医師らによって解放病棟がつくられていったのもこの時代である。治安対策の色濃い精神医療、精神病院の実態がそこにあった。

天皇が地方に行幸する際、警察が事前に当該地域の精神病者のローラー作戦を行っていた。こうした警察行為は精神病者に不安と恐怖を与え、かつ、差別と偏見を助長した。

いずれにせよ、七〇年代はまだ終わっていない。それを、この津久井やまゆり園事件は物語っている。重度知的障害者に施設は必要か、あるいは精神障害者・措置入院者に警察関与の監視体制が必要か。

再びわれわれはその「論争」に向き合うこととなった。

と考え（●●●●にも記載）今後も更なる発展を信じております。

外見はとても大切なことに気づき、容姿に自信が無い為、美容整形を行います。

進化の先にある大きい瞳、小さい顔、宇宙人が代表するイメージ
それらを実現しております。私はUFOを２回見たことがあります。未来人なのかも知れません。

本当は後２つお願いがございます。今回の話とは別件ですが、耳を傾けて頂ければ幸いです。何卒宜しくお願い致します。

医療大麻の導入
精神薬を服用する人は確実に頭がマイナス思考になり、人生に絶望しております。心を壊す毒に頼らずに、地球の奇跡が生んだ大麻の力は必要不可欠だと考えます。何卒宜しくお願い致します。私は信頼できる仲間とカジノの建設、過すことを目的として歩いています。

日本には既に多くの賭事が存在しています。パチンコは人生を蝕みます。街を歩けば違法な賭事も数多くあります。裏の事情が有り、脅されているのかも知れません。それらは皆様の熱意で決行することができます。恐い人達には国が新しいシノギの模索、提供することで協調できればと考えました。日本軍の設立。刺青を認め、簡単な筆記試験にする。

出過ぎた発言をしてしまい、本当に申し訳ありません。今回の革命で日本国が生まれ変わればと考えております。

作戦内容
職員の少ない夜勤に決行致します。

重複障害者が多く在籍している２つの園【津久井やまゆり、●●●●）を標的とします。

見守り職員は結束バンドで身動き、外部との連絡をとれなくします。職員は絶対に傷つけず、速やかに作戦を実行します。

２つの園２６０名を抹殺した後は自首します。

作戦を実行するに私からはいくつかのご要望がございます。

逮捕後の監禁は最長で２年までとし、その後は自由な人生を送らせて下さい。心神喪失による無罪。

新しい名前（●●●●）、本籍、運転免許証等の生活に必要な書類、美容整形による一般社会への擬態。

金銭的支援５億円。

これらを確約して頂ければと考えております。

ご決断頂ければ、いつでも作戦を実行致します。

日本国と世界平和の為に何卒よろしくお願い致します。

想像を絶する激務の中大変恐縮ではございますが、安倍晋三様にご相談頂けることを切に願っております。

植松聖（うえまつ さとし）

出典：ニュース速報Japan

〈資料〉

衆議院議長に宛てた植松被告の「手紙」全文

衆議院議長大島理森様
この手紙を手にとって頂き本当にありがとうございます。

私は障害者総勢470名を抹殺することができます。

常軌を逸する発言であることは重々理解しております。しかし、保護者の疲れきった表情、施設で働いている職員の生気の欠けた瞳、日本国と世界の為と思い居ても立っても居られずに本日行動に移した次第であります。

理由は世界経済の活性化、本格的な第三次世界大戦を未然に防ぐことができるかもしれないと考えたからです。

障害者は人間としてではなく、動物として生活を過しております。車イスに一生縛られている気の毒な利用者も多く存在し、保護者が絶縁状態にあることも珍しくありません。

私の目標は重複障害者の方が家庭内での生活、及び社会的活動が極めて困難な場合、保護者の同意を得て安楽死できる世界です。

重複障害者に対する命のあり方は未だに答えが見つかっていない所だと考えました。障害者は不幸を作ることしかできません。

フリーメイソンからなる●●●●が作られた●●●●●●●●●を勉強させて頂きました。戦争で未来ある人間が殺されるのはとても悲しく、多くの憎しみを生みますが、障害者を殺すことは不幸を最大まで抑えることができます。

今こそ革命を行い、全人類の為に必要不可欠である辛い決断をする時だと考えます。日本国が大きな第一歩を踏み出すのです。

世界を担う大島理森様のお力で世界をより良い方向に進めて頂けないでしょうか。是非、安倍晋三様のお耳に伝えて頂ければと思います。

私が人類の為にできることを真剣に考えた答えでございます。

衆議院議長大島理森様、どうか愛する日本国、全人類の為にお力添え頂けないでしょうか。何卒よろしくお願い致します。

植松聖の実態
私は大量殺人をしたいという狂気に満ちた発想で今回の作戦を、提案を上げる訳ではありません。全人類が心の隅に隠した想いを声に出し、実行する決意を持って行動しました。
今までの人生設計では、大学で取得した小学校教諭免許と現在勤務している障害者施設での経験を生かし、特別支援学校の教員を目指していました。それまでは運送業で働きながら●●●●●●●が叔父である立派な先生の元で3年間修行させて頂きました。
９月車で事故に遭い目に後遺障害が残り、３００万円程頂ける予定です。そのお金で●●●●の株を購入する予定でした。●●●●はフリーメイソンだ

第Ⅰ部

重度知的障害者の生きる場をめぐって

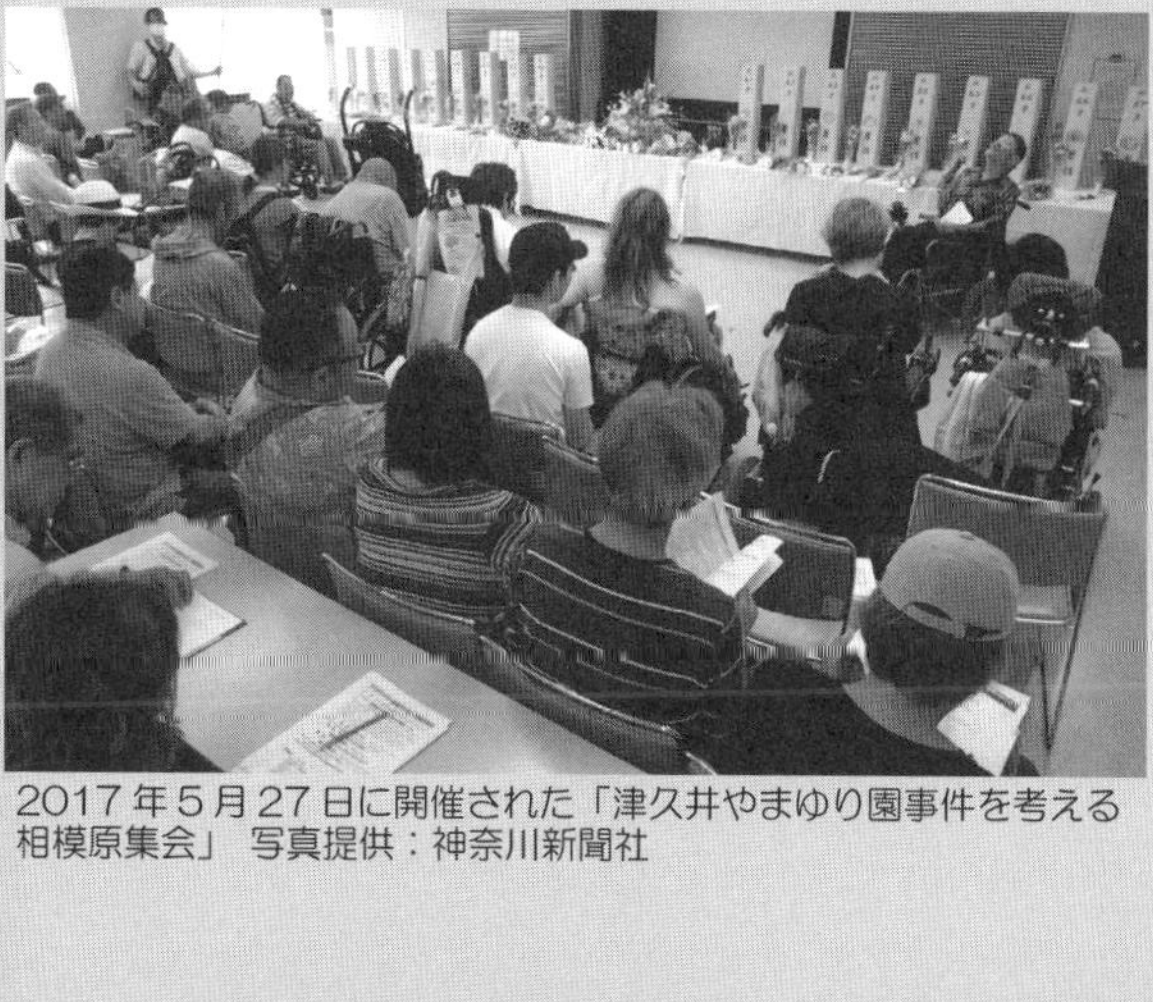

2017年5月27日に開催された「津久井やまゆり園事件を考える相模原集会」 写真提供：神奈川新聞社

第1章　被害者も加害者も社会から他者化された存在

堀　利和

被害者と加害者の連関性

四六人が殺傷された事件に、誰しもがことばを失った。当日のマスコミ報道以来事件の真相が次第に明らかになってくる中、ますますことばを失う事態に追い込まれた。現実のものとは到底思えなかったからである。ただ脳裏に強く印象づけられたのは、それが最近のテロ事件さながらだということである。もちろん、通り魔事件ではなく。

ただ、テロや通り魔事件同様、今回の事件も被害者たちが全くの無防備だったという点ではテロや通り魔と同じであるが、しかしそれと異なるのは従来型の伝統的な民族や宗教の対立ではなく、狙われた被害者が「意思疎通」「コミュニケーションができない」重度の知的重複障害者であって、しかも「不特定」多数でもなく、加害者がつい最近まで働いていた職場の人間を対象にしたということであり、また、その加害者も被害者同様いわゆる「障害者」であったということである。

優生思想の問題から言っても、その連関性が見えてくる。植松被告が措置入院時に「ヒトラーの優生思想が降りてきた」と語ったという。ナチス・ドイツがT4作戦で二〇万人ともいわれる障害者や難病者、そして六〇〇万人のユダヤ人を大量殺戮したことである。ジェノサイドしたその毒ガスは、第一次世界大戦の際にドイツ兵の犠牲を少なくし戦争を早く終わらせるために開発された毒ガス兵器であって、その開発に携わったのが化学者ハーバー・フィリッツである。ちなみに、彼はアンモニア合成技術の功績が認められて一九一八年にノーベル化学賞を受賞しているのであるが、皮肉にも彼はユダヤ人であった。

ユダヤ人と化学者ハーバー、そして知的障害者の被害者と歪んだ正義感と使命感の優生思想をもった「精神障害者」の被告植松、こうして繰り返される歴史的社会関係の中に「被害者」と「加害者」の同一性、連関性が見えてくる。同時に、それは、社会から結局「他者」化された存在の同一性でもある。

他者化された被害者

テロリズムでは通常被害者は同胞・仲間内であるが、この事件では少なくとも同胞・仲間内というような、むしろ「他者」化された存在であるといってよい。事件後にネットに炎上した書き込みには確かに植松被告と同じ思想、考え、立場、そのような容認の声も寄せられた。彼らにとっては被害者といえども「他者」なのである。テロではとても考えられない事態である。そこにはおそらく、障害者と健常者の間の厳然とした線引き、「他者」や「異邦人」に向けられたのと同じ深淵が存在しているのである。

いや、たとえそれほど自覚的積極的ではないにしても、心の奥底に「やむを得ない」「生きていたって」という素朴な、ここで素朴ということばを使うのはいたって不適切不謹慎ではあるが、彼らの隠された奥深い意識の中にはそのような感情、つまり被告人植松がひっそり棲みついているのではなかろうか。

さて、次に、もちろん彼らと同じレベルで犠牲者の親を見るつもりは全くないが、なぜならその親たちも世間の偏見や差別の被害者であるからであり、その意味では植松被告やネット炎上の彼らとは明らかに同一視するわけにはいかないことは当然である。だがその上であえて、次章の尾野剛志家族会前会長「障害をもった子どもが家族にいることをなぜ隠すのか」の講演の一部をここに紹介する。いうまでもなく、それが家族会の一部でしかないことを十分理解した上でのことではあるが。

私の知っている人なんですが、一日だけテレビに出て顔を出したのですが、故郷の田舎の方から電話がかかってきたそうですよ。それまで知らせてなかったようなんです。なぜ、皆さんなぜ?って思います?　意地の悪い言い方をすると、自分本位なんですよ。自分がかわいいんです。自分の子どもより、自分がかわいいんですよ。だからこの子が障害ってわかったら、親戚、近所みんなから言われて、恥ずかしい思いをすると。いやだ、だから隠そうとする。それが匿名になった背景です。私はそういうの、嫌いなんです。

再婚しましたから一矢は私の子ではないし、一矢が四歳の時に知り合って、私はこの子がかわいいと思って、この子がなんとかなればいいなと頑張ってきました。だから全然恥ずかしいと思ったこともないし、怖いと思ったこともないし、だからなぜ障害を持った子が自分の家族、身内なのに隠すのか、私にもわかりません、はっきり言って。だから、それは自分がかわいいから、自分を守ろうということです。

私が知っている範囲でも、夫婦でも津久井やまゆり園に一度も来ない人がいるんですよ。お父さんが、お父さんなのに、全部お母さんにやらせていて、勝手にしろと。そういうお父さんもいるんです。で、お墓もそうなんですよ。

お墓には本人、お父さんやお母さん、親戚の人もいます。親の後を受け継いだ長男でなく、そうでなければ障害をもった家族の人たちは、障害をもった人が亡くなった時に、お墓に入れてくれないんです。これ、ホントです。私、これ実際に経験したんです。

会長をやっている時に、要するに、遺骨を持ってどこへ行ったらよいでしょう？　って。夜中に電話がかかってきたんです。遺骨を持って家に帰ったら、主人が、なんだっそんなものを持って来てって、それをどこかに置いてこなきゃ、家に入れない、もう一緒に帰って来るなって。会長さん、どうしたらよいでしょう？　これが現実なんですよ、知的障害者の家族の方の。自分の子どもがかわいいんですけど、それを夫婦でもわかちあえないとか、親戚でもわかちあえないとか、だからしょうがなく隠すという人もいるし、表に出すのが嫌だという人もいるんです。

こうして、家族でさえも被害者を「他者」化する意識構造というものは現代社会、偏見と差別に満ち溢れた社会的、土着的、世間的な人間観や障害者観からは決して誰も自由ではいられない。イスラエルの哲学者マルティン・ブーバーが、「我と汝、彼とそれ」の哲学を論じたが、私たちは「我と汝」の世界をいまだ獲得しているとはいえない。また私たちが七〇年代から「地域で共に学び・育ち、共に生き、共に働く」運動を続けてきた中、一方、脱施設・脱学校・脱病院の文明思想家としてのイワン・イリイチは、一九七三年に「共生（CONVIVIAL）」を提唱し、その後、フランスや日本などでも「共生主義（CONVIVIALISM）」が宣言され、その思想運動が展開されている。ちなみに、私の場合は共生社会・主義である。

ここで一旦、植松容疑者（当時）が起訴された際に書いた私の文章を紹介する。さらに次項では、偏見や差別意識をもつ私たち（加害者）が傍観者の立場ではいられないことを論じる。

津久井やまゆり園殺傷事件の二月二四日の起訴を受けて

津久井やまゆり園の残忍極まりない殺傷事件の本質を理解するためにも、本事件の経緯を簡単に検証しつつ、その意味するところを私たちの問題にひきつけて考えてみたい。

事件を引き起こした植松被告、衆議院議長公邸に「手紙」を持って行った植松被告はそもそも、刑法第二三三条の偽計業務妨害罪の適用を受けるべき者であった。最初は安倍首相宛に自民党本部に「手紙」を持って行ったのだが断られ、衆議院議長公邸にやむなく持って行った。「手紙」は地元の麹町警察署に渡され、次いで神奈川県警に送られたのだが、その際、刑事課ではなく生活安全課に回された。そのため偽計業務妨害罪としては扱われず、相模原市精神保健福祉課の担当となり、いいかげんな診断によって措置入院となる。

事件二日後に、安倍首相は関係閣僚会議を開いて、「措置入院のあり方を検討」するように指示をだした。その後、厚労省内に「相模原市の障害者支援施設における事件の検証及び再発防止策検討チーム」が設置された。これは、措置入院経歴者に対する予断と偏見に基づくものに他ならない。「検討チーム」の設置そのものが問われなければならないだろう。

年が明けて植松容疑者は二月二四日に起訴された。つまり、横浜地検は、刑法第三九条（心神喪失及び心神耗弱）「1．心神喪失者の行為は、罰しない。2．心神耗弱者の行為は、その刑を軽減する。」の適用外として、人格障害であっても善悪の判断ができる状態だったとの精神鑑定に基づいて刑事責任能力に問題がないとして、殺人罪などで起訴したのである。事件は「心神喪失」「心神耗弱」ではなく、善悪の判断ができて刑事責任能力があるとしたのである。

そこで問題になるのが、事件の動機である。起訴状を読まないと正確なところはなんとも言えないが、これまでの「手紙」、措置入院時の記録、供述等の報道からは、少なくとも、「コミュニケーションができない」重度の知的障害者は生きている価値がない、不幸しか生まない、経済にとってもいない方がよいという優生思想、歪んだ正義感と使命感、こうした一連の思想的確信に根ざしている。植松被告は思想的確信犯である。植松被告の優生思想と障害者観、人間観と社会観、そして歪んだ正義感と使命感、まさにそれらが彼の手に包丁を握らせたのである。津久井やまゆり園の重度の知的障害者に的を絞ったのである。もし人格障害・異常な自己愛性パーソナリティ障害であるとするなら、津久井やまゆり園の重度の知的障害者だけではなく、無差別なそして不特定の者を対象にしたはずである。その意味では、津久井やまゆり園という収容型大規模施設が被告人植松を生み出したともいえるのであろう。したがって、地域で共に生き・自立生活につながらない津久井やまゆり園の収容型大規模施設の元通りの再建は、社会に対して誤ったメッセージであると言える。

以上のことから、にもかかわらず、安倍首相は関係閣僚会議を開き、厚労省内に「検討チーム」を設置させた。その誤りは、二月二四日の横浜地検の「起訴」が物語っている。

次に問題なのは、横浜地検が被害者の匿名を裁判所に求めている理由である。それは、暴力団や性暴力の被害者の二次被害に配慮した場合にとられる措置、その二次被害を「根拠」として、今回の場合もそれを適用しようとするものである。二次被害とは、そして加害者とは？

だれから、だれが被害を受けるというのか？　亡くなられた方が、誰から被害を受けるのか？

誤解を恐れず私の推察を一般論にして言えば、家族の中に重度の知的障害者がいたこと、それが改めて近所の人に知られてしまうこと、あるいは、亡くなられた方の兄弟姉妹が結婚していて、それによって相手家族の親戚にそれがわかってしまうこと、そんなケースである。お姉さんの結婚披露宴の席に、車イスの脳性マヒの妹を出させまいとした母親。そこには相手の親戚、お姉さんの会社の偉い人が列席。

家族の中に「コミュニケーションができない」重度の知的障害者がいることを知られたくない、

隠しておきたい、居ては困る、あってはならない、こうしたマイナスの人間観。

あれっ？　この障害者観、人間観、価値観、どこか被告人植松と同じような……。加害者と被害者がどこかで交錯してしまう。なぜならそれは、被告人植松を生み出したのが、私たち、世間、現代社会であるからであろう。

人間関係が障害をつくる

（一）分離された「空間」と健常者の「第三者性」を問う

まず、文章を感動をもって読んでいただきたい。それは昨年春、私にネットで送られてきた文章である。


きいちゃんという女の子は、手足が不自由でした。そして、いつもうつむきがちの、どちらかというと暗い感じのするお子さんでした。

そのきいちゃんが、ある日とてもうれしそうな顔で、「山元先生」と言って職員室に飛び込んできてくれたのです。

「お姉さんが結婚するのよ、今度私、結婚式出るのよ。ねえ、結婚式ってどんななの、私どんな洋服着ようかな」と、とてもうれしそうでした。「そう、良かったね」と、私もうれしくなりました。

ところが、それから一週間もしないころ、今度はきいちゃんが教室で泣いている姿を見つけたのです。「きいちゃんどうして泣いているの」と聞くと、「お母さんが、結婚式に出ないでって言うの。私のことが恥ずかしいのよ。お姉ちゃんばっかり可愛いんだわ。私なんか産まれなきゃ良かったのに」とそう言って泣いているのです。

きいちゃんのお母さんは、お姉さんのことばかり可愛がるような方ではありません。どちらかというと、かえってきいちゃんのことをいつも可愛がっておられて、目の中に入れても痛くないと思っておられるような方でした。

けれどもしかしたら、きいちゃんが結婚式に出ることで、例えば障害のある子が生まれるんじゃないかと思われたり、お姉さんが肩身の狭い思いをするんじゃないかというようなことをお母さんが考えられたのかなと、私は思ったりしていました。

きいちゃんに何と言ってあげていいかわかりませんでしたが、ただ、結婚式のプレゼントを一緒に作ろうかと言ったのです。お金がなかったので、安い晒（さらし）しの生地を買ってきて、きいちゃんと一緒にそれを夕日の色に染めたのです。

それでお姉さんに浴衣を縫ってあげようと提案しました。でもきいちゃんは手が不自由なので、きっとうまく縫えないだろうなと思っていました。けれど一針でも二針でもいいし、ミシンもあるし、私もお手伝いしてもいいからと思っていました。けれどきいちゃんは頑張りました。最初は手に血豆をいっぱい作って、血をたくさん流しながら練習しました。

一所懸命にほとんど一人で仕上げたのです。とても素敵な浴衣になったので、お姉さんのところに急いで送りました。

するとお姉さんから電話がかかってきて、きいちゃんだけでなく、私も結婚式に出てくださいと言うのです。お母さんの気持ちを考えてどうしようかと思いましたが、お母さんに伺うと、「それがあの子の気持ちですから出てやってください」とおっしゃるので、出ることにしました。

お姉さんはとても綺麗で、幸せそうでした。

でも、きいちゃんの姿を見て、何かひそひそお話をする方がおられるので、私は、きいちゃんはどう思っているだろう、来ないほうが良かったんだろうかと思っていました。そんなときにお色直しから扉を開けて出てこられたお姉さんは、驚いたことに、きいちゃんが縫ったあの浴衣を着ていました。一生に一度、あれも着たいこれも着たいと思う披露宴に、きいちゃんの浴衣を着てくださったのです。そして、お姉さんは旦那さんとなられる方とマイクの前に立たれ、私ときいちゃんをそばに呼んで次のようなお話をされたのです。

「この浴衣は私の妹が縫ってくれました。私の妹は小さいときに高い熱が出て、手足が不自由です。でもこんなに素敵な浴衣を縫ってくれたんです。高校生でこんな素敵な浴衣が縫える人は、いったい何人いるでしょうか。妹は小さいときに病気になって、家族から離れて生活しなければなりませんでした。

私のことを恨んでるんじゃないかと思ったこともありました。でもそうじゃなくて、私のためにこんなに素敵な浴衣を縫ってくれたんです。私はこれから妹のことを、大切に誇りに思って生きていこうと思います」

会場から大きな大きな拍手が沸きました。きいちゃんもとてもうれしそうでした。

お姉さんは、それまで何もできない子という思いできいちゃんを見ていたそうです。でもそうじゃないとわかったときに、きいちゃんはきいちゃんとして生まれて、きいちゃんとして生きてきた。これからもきいちゃんとして生きていくのに、もしここで隠すようなことがあったら、きいちゃんの人生はどんなに淋しいものになるんだろう。この子はこの子でいいんだ、それが素敵なんだということを皆さんの前で話されたのです。

きいちゃんはそのことがあってから、とても明るくなりました。

そして「私は和裁を習いたい」と言って、和裁を一生の仕事に選んだのです。

〔「養護教育の道に生きて」山元加津子（石川県立小松瀬領養護学校教諭）『致知』一九九七年一一月号　特集「一道を拓く」より〕

これを読んで、私も感銘をうけた。じーんとくる話である。しかし、ただ感動で終わってよいのかということである。この現実の物語性をそもそも成り立たせている背景、その客観的諸条件とはいったい何であるかであり、そのことを私たち自身の問題として捉えなくてもよいのであろうかということである。

問題の所在のひとつは、育ち・学び、大人になっていく過程で障害児と健常児が、障害者と健常者が双方に分離された「空間」、特別支援学校や学級、障害児のための放課後デイサービス事業、これを「地域の缶詰」と私が称する障害者だけを集めた地域通園施設、要するに、このように分離された「空間」が障害者（きいちゃん）を「異邦人」に仕立て上げてしまう。あわせて、障害者（きいちゃん）にはすでに差別や偏見が付着していることにも留意すべきであろう。こうした人間関係のもとに「障害化」されるのである。

二つめの問題は、感動した「あなた」も、実は母親が懸念してきいちゃんを披露宴に出させないようにさせてしまった存在、すなわち披露宴の「客」でありえたのではないかということである。自分自身も、気づかないうちに社会的に排除する側の一員であったかもしれないということである。その自覚が重要なのである。

学生J

この話にふれて、涙もろい私は目頭が熱くなった。しかし、そのあとの「しかし、ただ感動で終わってよいのか」という提起により、私の潤んでいた目は一瞬にして乾いた。障害者の家族の葛藤や家族の心のすれ違いなどが、お姉さんの結婚式ときいちゃんの一生懸命なプレゼントによってお互いに歩み寄るきっかけになったと感じて心動かされていたが、先生がこの話を通して私たちに投げかけているのは、「この現実の物語性をそもそも成り立たせている背景、その客観的諸条件とはいったい何であるか」ということだったのだとわかった時、私のこのきいちゃんの話に対する見方が変わった。たしかに、世間一般として生まれてから育ち、学びながら社会に出ていく中で、障害がある人とない人で区別され、分け隔てられているからこそ、きいちゃんの話は起きたのであって、もし、社会が人を障害の有無で分け隔てることなく皆が平等に生きられるのであれば、きいちゃんは何も憂うことなく最初からお姉さんの結婚式に出られていたのだ。この分け隔てられた空間や社会が今日の障害者差別へとつながっているのであり、話の中で何度も口にしていたように、差別を無くすためには、障害の有無に関わらず、全ての人間が分け隔てられることなく同じ教育や就労の機会が得られるようにすることが必要なのであると私も思う。

また、「感動した『あなた』も、実は母親が懸念していたきいちゃんを披露宴に出させないようにさせてしまった存在、すなわち披露宴の『客』でありえたのではないか」という問いかけは、今後福祉職を目指す私にとって忘れられないものになるだろう。〝感動する〟ということ自体は何も悪いことではないだろうが、この〝感動する〟という行為の中にどのような意味合いが含まれているのか、その背景にも焦点を当てられるような、広い視野を持った支援者になりたい。

〔拙著『アソシエーションの政治・経済学―人間学としての障害者問題と社会システム』（二〇一六年、社会評論社）より〕

同様に津久井やまゆり園事件を通して考えれば、被害者と加害者をつくりだした関係性こそが、私たち、世間、現代社会であると言えるのである。決して、「私」、私たちはそれと無関係ではいられない。傍観者として生きることは許されない。自分の問題としてそれを引き受けなければならないであろう。「世間」のせいにすることはできない。なぜなら、「世間」とは、太宰治が『人間失格』の中で書いているように、

「しかし、お前の、女道楽もこのへんでよすんだね。これ以上は、世間が、ゆるさないからな。」

世間とは、いったい、何の事でしょう。人間の複数でしょうか。どこに、その世間というものの実態があるのでしょう。けれども、何しろ、強く、きびしく、こわいもの、とばかり思ってこれまで生きて来たのですが、しかし、堀木にそう言われて、ふと、

「世間というのは、君じゃないか。」

という言葉が、舌の先まで出かかって、堀木を怒らせるのがイヤで、ひっこめました。

(それは世間が、ゆるさない。)

(世間じゃない。あなたでしょう?)

(そんな事をすると、世間からひどいめに逢うぞ。)

「世間じゃない。あなたでしょう?」

汝は、汝個人のおそろしさ、怪奇、悪辣、古狸性、妖婆性を知れ! などと、さまざまの言葉が胸中に去来したのですが、自分は、ただ顔の汗をハンケチで拭いて、

「冷汗、冷汗。」

と言って笑っただけでした。

けれども、その時以来、自分は、(世間とは個人じゃないか)という、思想めいたものを持つようになったのです。

次に精神保健福祉法の「改正」案について取り上げる。「改正」案では、津久井やまゆり園事件を受けてそれを「立法事実」（国会審議中にそれを削除）として参議院に上程され、紛糾の木、五月一七日の本会議で可決となったが、その際に書いた私の見解をここに紹介する。

治安対策を色濃くした精神保健福祉法の改悪が今進められている！

精神保健及び精神障害者福祉に関する法律の一部を「改正」する法律案が、四月七日に参議院本会議で審議入りした。当初は四月一九日の本会議で可決の予定であったが、審議は紛糾し、五月一七日の本会議で可決、衆議院に送られることとなった。

というのも、参議院に提出された法律案の趣旨説明としての概要「改正の趣旨」では、冒頭に「相模原市の障害者施設の事件では、犯罪予告通りに実施され、多くの被害者を出す惨事となった。二度と同様の事件が発生しないよう、以下のポイントに留意して法整備を行う」とあった。これは明らかに相模原事件を法案「改正」の根拠・理由としたものであり、防犯対策のために措置入院者の退院後の処遇を検討するための法案内容になっている。事件と措置入院者との因果関係を無理やりに結びつけて、治安対策を色濃くしたものとなっている。民進、共産、社民など野党はこの点を追求した。

政府厚労省は一三日朝、突如、「改正の概要」の差し替えを求めたが、野党は反発。結果、追加資料という扱いになった。差し替え資料は冒頭の文章の削除であった。つまり、削除は法案「改正」

のための根拠・理由を失うものであり、野党は当然法案の取り下げを要求した。なぜなら、もはや本法案の「立法事実」がなくなったからである。塩崎大臣は国会でそれを謝罪したが、にもかかわらず与党は委員会審議を強引に進めた。

そこで、野党は、警察庁も参画した相模原事件の「検証チーム」の議事録の開示を求めたが、政府は黒塗りにするしない、非公開の議事録は開示できないとして紛糾し、結局十分な審議は得られなかった。

法案の問題点を簡潔にまとめると、

①措置入院患者の退院時とその後の対応については、代表者会議と精神障害者支援地域協議会(個別調整会議)の参加者に、警察が関与すること

②個別支援計画の作成にあたっては条文上家族や本人の参加が認められておらず、作成された支援計画が本人に交付されるということ。

だが、審議入りから一か月余過ぎた五月一六日に委員会で採決が行われてしまった。本則の原案には、民進、共産、社民が反対し、また民進は「附則第十条関係」の修正案を提出して賛成多数で可決となる。修正案は施行後五年の見直しを三年とし、また措置入院者等及び医療保護入院者の退院後の医療その他の支援の在り方、当該支援に係る関係行政機関等による協議の在り方、自発的意思に基づかずに精神科病院に入院した者(以下「非自発的入院者」という)の権利の保護に係る制度の在り方等について検討を加え、その結果に基づいて所要の措置を講ずるものとすることというものである。主な点は以下の通り。

①新法第五一条の一一の二第三項の合議体への参加を含む措置入院者等及びその家族による当該措置入院者等に係る退院後支援計画の作成に関する手続きへの関与の機会の確保
②措置入院者等及びその家族による当該措置入院者等に係る退院後支援計画の内容及びその実施についての異議又は修正の申出に係る手続きの整備
③非自発的入院者に係る法定代理人又は弁護士の選任の機会の確保

最後に一言つけ加えれば、そもそも事件直後の塩崎大臣や安倍首相が関係閣僚会議を開いて、あたかも措置入院経歴者の被告人植松と事件の関係を直結させ、再犯防止の意向を示したことからこの問題は始まる。事件の真相がまだ明らかになっていないうちにである。

また、措置入院者といえども警察の監視下におかれれば、一般の人・世間の人には措置入院、医療保護入院、任意入院、通院などの違いがわからず、そのため、ただただ精神障害者は怖い人、何をするかわからない人、犯罪者予備軍という偏見・差別が今以上に強まっていきかねないと懸念される。措置入院者以外の当時者にとっても、それは他人事ではない。

（五月一八日付）

先の通常国会では、衆議院において継続審議となった。

津久井やまゆり園事件と他の事件との共通性

今回の津久井やまゆり園事件の扱いで私の脳裏に先ず浮かんだのは、一九六四年に起きたライシャワー米大使の傷害事件である。両者には、ヒトラーの優生「思想」と反米右翼の「思想」という、「思想」にその背景がある。両者を「思想犯」とみたからである。「精神障害」は、私には捨象された。というのはいささか極端かもしれないが…。

それでは、ライシャワー米大使の傷害事件についていうと、犯人の青年は、分裂病（統合失調症）の患者であって、同時に反米右翼の思想をもった男である。にもかかわらず、この事件を、日本政府やマスコミは、彼が統合失調症の患者であるがゆえに起こした事件として扱い、反米右翼の思想については隠蔽され、もっぱら「分裂病」のみが大キャンペーンとなった。なぜか？

「分裂病」と「ライシャワー米大使」との間になんら因果関係、必然性がないにもかかわらず、あたかもこの事件がそれによって引き起こされたかのような印象付けに持ち込まれた。そうしなければ、日本政府は窮地に立たされる。事件の「動機」が反米右翼の思想ということが明るみにでることになれば、日米の間の外交問題に発展しかねない。しかし、明らかに「ライシャワー米大使」が狙われたのである。だからこそ、日本政府は政治的に「分裂病」患者の仕業に強引にもっていかなければならなかった。それによって、その後何が起きたか。

この事件を契機に、東京三多摩をはじめ、全国に精神病院が次々と造られ、保安処分的治安対策の対象として「精神病」患者を強制入院させていったのである。先進諸国とは真逆の措置がとられ、結果、いまだに三〇万人余の患者が病院に閉じ込められてしまっている。この事態は、すなわちこうした精神医療対策は入院患者本人の人権侵害だけに留まらず、精神障害者は怖いという世間一般の偏見と差別意識を助長し再生産することにつながる。

ライシャワー米大使の障害事件に少々紙幅を割いたが、それではここで植松被告と津久井やまゆり園事件の関係について話を戻す。これは、専門家の精神科医でも臨床心理士でもない素人の私の見解である。その限界を十分認識しつつ、植松被告の事件の「動機」を分析してみる。その視点は、同様の事件からである。

とりあげた事件は最近の殺人事件であり、今だ未解決のものもある。津久井やまゆり園事件が起きてから間もなく横浜市の大口病院（終末期医療のホスピス）での事件発覚、つい最近起きた奈良県の老健施設での事件、それらに先立ち川崎市の老人ホームでの事件である。犯行は、未解決のものも含めていずれも施設内部の職員とみられている。

川崎市の老人ホームでは、男性職員が上階のベランダから入所者を投げ落として殺害し、奈良県の老健施設では施設の入口はしっかり施錠されていて、入所者が自室で殺害された。大口病院では、患者の点滴に薬物が入れられて死亡（内部の犯行とみられている）した事件。私は、いずれもこれらの事件と津久井やまゆり園の事件とは無関係ではなく、共通した要因があるとみている。

確かに職員不足が原因を招いたとも言われているが、それはそれとして否定はしないが、しかし事件の真相にもう少し分け入ってみればそんな簡単な理由では説明がつかない。もっと根深く、深刻である。

事件当日はすでに園を辞めていたとはいえ、植松被告もいわば「職員」であった。そのことを考慮すれば、津久井やまゆり園の事件後に全国の施設に対して施錠・防犯対策を強化するよう、厚労省が指示を出したことについては無意味とは言わないまでも、ほぼその効果は乏しい。事の深刻さに気づいていない、少なくとも矮小化している。街をぶらついていた外部の若者が、施設に侵入して起こした事件ではないからである。事件＝防犯対策、事件＝措置入院経歴者という、それはあまりにも短絡的な思考と偏見に満ちあふれているといわざるをえない。

植松被告の「動機」形成

それでは、植松被告が事件に至るまでの「動機」の形成とその意味論を、たとえば大口病院の事件と関連づけて検証してみよう。大口病院のような場合では家族がなかなかお見舞いに来ないという。顔をみせないことが多いと聞く。

医療職員は専門家である。誇りをもって働いている。だが家族が顔をみせないとすれば、預けっぱなしとすれば、職員は、患者が家族から見放され、社会からも見捨てられたと感じても不思議ではない。もちろん、だからこそ、患者に寄り添う職員も多くいるに違いないのだが…。

ここでは、事件を起こした病院内部の医療職員の心理を考察してみたい。医療とは言うまでもなく治療行為、病気やけがを治す専門の行為である。そうであればなおさら、犯行に及んだ職員が自らの医療行為の専門性に疑問を持ち、無意味化、虚しさを感じてもやむを得ないと思われる。治療行為の「効果」もあがらず、家族からも社会からも見放され捨てられた患者、その患者と日々向き合っているのである。こうした環境での仕事、家族や社会から見放されたと感じる患者・入所者、そのような病院や施設にこそ、そのあり方にこそ目を向けなければならないであろう。

とはいえ、だからといって、なぜ殺人行為にまで及んでしまうのかである。その答えは植松被告の「動機」にありそうだ。

尾野前会長の講演によれば、「月一回の定例会に来るだけです。家族会の三割位はほとんど定例会にも来ません。」とある。

「手紙」には「保護者の疲れきった表情、施設で働いている職員の生気のかけた瞳」「車イスに一生縛られている気の毒な利用者も多く存在し、保護者が絶縁状態にあることも珍しくありません」と書いてある。

さらに、医療行為の専門性の無意味化、虚しさ、空虚感、成果のなんら上がらないと感じたのと同様に、彼もまた、「意思疎通」「コミュニケーションができない」重度の知的重複障害者に対して、ケア行為の専門性の無意味化、虚しさ、空虚感、成果のなんら上がらない専門技術、そのように感じたに違いない。彼の専門家としての誇りが傷つけられた。ここであえて私が強く主張したいのは、彼に、「共に生きる」という考えが全くなかったということである。ユマニチュードの哲学がなかったということである（『ユマニチュード入門』医学書院）。彼は、専門家の「支援方法論」、その支援の立場に立っていたということに尽きる。専門的支援、やってあげているのに。彼を、そのように追い込むのが閉鎖された施設、施設の宿命である。施設には職員と入所者しかいない。せいぜい年に二、三度地域の住民と施設内で慰問行事のような交流が行われる程度である。

植松被告の精神鑑定によれば、彼は「自己愛性パーソナリティ障害」ということである。それを前提とすれば、他人からの評価に比べ自己評価の方が高い傾向にあるという。誇り高き男なのである。自分は人よりも優れている。そんな彼にとって、ケア行為の専門性が無意味化され、空虚にされ、誇りが傷つけられた。

彼は迫られた。そのまま否定されるのか、それとも自己肯定に転ずるのか。絶対否定は往々にして絶対肯定に転化する。つまり、私の結論はこうだ。彼が自分自身を自己肯定へと回復するためには、自己を否定してくる存在、重度の知的重複障害者、目の前にいる津久井やまゆり園の重度の知的重複障害者、すなわち、不特定多数の重度の知的重複障害者ではなく、対象を限定した、まさに津久井やまゆり園の彼らでなければならなかった。東京の静岡県の彼らではない。

そして、「手紙」には「障害者は不幸を作ることしかできません」とも書いている。これはいうまでもなく、障害者の存在それ自体が不幸ではなく、彼らの存在が自分（植松）を含めた社会（健常者）を不幸に貶めるものと見たのである。そこに、ヒトラーの優生思想が降りてきた。もはや、彼にとっては、彼らが憎しみと憤怒、抹殺の対象でしかなくなったのである。したがって、それを正統化するには歪んだ正義感と使命感、彼にとっては世界の普遍性にまで高めた「優生思想」「革命」、そしてそれを自らに義務と課すしかなかったのである。

そのような植松被告のこの認識を下敷きに論ずれば、彼が言う「障害者は不幸を作ることしかできません」とは、自分（植松）を含めた社会（健常者）を不幸にするということは、換言すれば、健常者社会が障害者の存在を不幸の原因に貶めていると言い換えることもできよう。障害者の存在が障害者問題をつくりだしているのではなく、したがって社会を変えれば必然的に「障害」の意味も変わり、社会を解放すれば人間（障害者）もすなわち解放される。

いずれにせよ、こうして、植松被告は「ご決断頂ければ、いつでも作戦を実行致します。日本国の世界平和の為に何卒よろしくお願いします。想像を絶する激務の中大変恐縮ではございますが、安倍晋三様にご相談頂けることを切に願っております」と書いた。

植松には今の国、政府、安倍政権がそのような「崇高」な政治に映ったに違いない。これは後付けなのだが、安倍首相も昭恵夫人も、森友学園の幼稚園の「教育勅語」の教えにえらく感動と感銘を受けていたのだから。優秀な大和民族にとっては、重度の知的障害者はあってはならない存在となる。

ドストエフスキーは、『罪と罰』の中でラスコーリニコフを描いている。黄金を老婆が持っているよりも、優秀で有能な優れた自分が老婆の黄金を持っていた方が役立つ、世の中のためになると、ラスコーリニコフは考えた。こうして、結局彼は老婆を殺害することとなる。

ソーニャに促されたラスコーリニコフは、大地に接吻する。だが、ドストエフスキーは、「エピローグ」の中でラスコーリニコフにこう言わしめている。

「どういうわけでおれの思想は、開闢以来この世にうようよして、互いにぶつかりあっている他の思想や理論に比べて、より愚劣だったというのだ？（略）おれはこの第一歩をおのれに許す権利がなかったのだ」。そしてドフトエフスキーは、こう分析する。「つまりこの一点だけにかれは自分の犯罪を認めた」と。ラスコーリニコフに強靭な精神力（他の思想や理論）があったなら、自分を持ちこたえさせることができたのかと問うのは本質を見失う。合理主義を支えるものは本当は何なのかである。

このラスコーリニコフを、ドフトエフスキーは、その後『白痴』と『悪霊』の二編の長編小説へと、つまり『白痴』のラスコーリニコフと『悪霊』のラスコーリニコフとに書き進めたと、私は解釈する。それに引き換え、彼植松はラスコーリニコフの足元にも及ばない。安っぽい正義感の持主。尾野前会長が「こいつ」と言い捨てたように。

そんな「こいつ」を、「精神障害者＝措置入院者」ゆえの事件として、「他者」化してそれを利用して精神保健福祉法の改悪を画策し、彼植松をスケープゴートにした政府・与党は彼以上に卑劣であり、恥を知るべきであろう。事件の本質を見誤ったこと、矮小化して警察の「関与」で治安対策を強化しようとしている。しかし、それが唯一の解決方法でないことは周知のところである。

われわれも、同時に問われなければならないであろう。彼植松とわれわれとの間を切断し、「他者」化し、それによってわれわれ自身が傍観者として無関係の安心感に逃げ込み、享受することは許されない。同情はすれど、被害者をこれまで「他者」化してきたことに何ら反省することなく、あたかも何もなかったかのような、平穏な日々をわれわれはまた続けるのであろうか。

最後に本章を閉じるにあたって、釈迦の教えに耳を傾けてみよう。「天井天下唯我独尊」である。私が初めてこの教えに触れた時、天にも地にも唯一己は己自身しか存在しない。唯一者として、その孤独と無に耐え、虚無の中で力強く存在せしめようとする。そんな誤った解釈をしていたのだが、釈迦の教えはそうではない。天にも地にも唯一者として存在する「己」は尊い。他者も同様である。己が尊いように、他者も尊い。己には代えがたい己、他者には代えがたい他者が存在する。その尊さは同じである。

その教えを世俗的にいえば、まさしく「共に生きる」である。「他者」をわれわれの中に取り戻す。その作業が今こそ必要である。そのことを、この不幸な事件がわれわれに諭してくれた。

第2章　障害をもった子どもが家族にいることをなぜ隠すのか

尾野　剛志

特定非営利活動法人さざなみ会就労継続支援B型シャロームの家　主催
２０１７年２月27日の講演から

事件当日からの息子一矢の状態

事件を朝知らされて、頭の中が真っ白になってしまいました。テレビはただ殺傷事件ばかりを報道して、そして植松も逮捕されていました。名前も誰かもわからないで、殺された人は一九人とだけ。七時半に施設になんとか駆け付けました。その時、自分がどうだったのか覚えていません。一番覚えているのは、ただ大きなテーブルがあって、Ａ４の紙が四枚ありました。それに利用者の名前が書いてありました。×、○が書いてあって。そんなことしか覚えていません。ただ、一矢が立川医療センターとあって。周りのことが何もわからなくて、とにかく行きました。どうやって行ったかわからないのですが、車に乗ったんですが、カーナビがセットできないんですよ。職員が私がやるわと言って、カーナビを教えてくれて、九時半ぐらいに病院につきました。どうやって来たかあまり覚えていませんでした。看護師さんから、今一矢さんは手術に入りましたと言われました。

一二時頃、先生からお話を聞きました。

ダメだったと言われたらと思って、ちゃんと話を聞けないんですね。ここを四針、三針縫いました。こちらを五針縫いました。一番ひどいのは、お腹を刺されて大腸がおそらくちぎれるちょっと手前でした。汚物が腹の中に回っていて、腹を全部割腹して、お腹をきれいに洗って縫い上げました。一応手術は終わりました。ただ明日の朝までは予断を許さないと。明日の朝まで病院から連絡がなければ助かったと思って結構です。

本人と会っていって下さいとのことで、会いました。一矢は麻酔が効いているはずなのに、私が看護師さんと話している時に、娘が「お父さん、お父さん、一矢が泣いてるよ。お父さんの声、聞こえるんだよ」と言って、ホントに涙が出ているんですよ。聞こえているかもしれないと思いました。その後、どうやって家に帰ってきたかわからないほどのパニックでした。二三日間入院しました。

八月一五日、津久井やまゆり園から職員が迎えに行きました。丁度この時、私は以前から手術をすることに決まっていて入院していましたから、迎えに行けなかったわけです。

その前に何回か見舞いに行きまして、「かんちゃん、（一矢をかんちゃんって呼んでいるんですが）かんちゃん、治ったらやまゆりに入るんだよ、帰るんだよ」と言ってきかせていたので、本人はやまゆりに帰ると思っていたらしい。でも、好きな職員と一緒に車に乗って着いたところが、津久井日赤だったんです。それから一矢のパニックが始まりました。

食べない、喋らない、怒鳴る、それから先生にお腹も触らせない。すごい状態で、精神的にも落ち着かなくなって。その時のことも、放映されてしまいました。それから二三日ぐらいで、津久井日赤を退院しました。退院しても、歩けないし、喋れないし、車イスで半月過ごしました。その後も車イスでした。

九月二一日に、今いる厚木の七沢の県の施設（取り壊し予定）に暮らしています。

ある日、娘が、ひょっとしたら一矢うつかもしれないよと言ったんです。一矢がやまゆり園に来ると言ったので娘と一緒に会いに行って、四人でご飯を食べて、車イスで散歩して、「お姉ちゃん、お姉ちゃん」とごきげんになって、二、三日してから急に一矢が回復に向かったんです。これも、お姉ちゃんの力だと思います。今はもう、回復して歩いています。言葉もかなりでます。

もともとお父さんとかお母さんとは喋らない。自分の言いたいことしか言わない、やめとく、嫌、だめとしか言わない子でした。それが、入院した時、三日めに行った時、急に「お父さん」という言葉をだしてくれて、それで私も感動したし、退院してきて、今は顔を見て「お父さん」とか「お母さん」と言って、話をしてくれるんですよ。

この事件でたまたま、一矢を今まで愛していないとは言わないけど、一矢が私のことを愛してくれてたかどうか半分わかってなかったかも。初めて、なんか、お父さんと言われた気がしたし、二十何年やまゆり園に居ましたから、ホントに自分の中で一矢に対して詫びるというかな、そういう気持ちでしたね。一矢に対して申し訳なかったかなって。一矢がこんなに私のことを愛してくれていたのに、私はそこまで愛していなかったかもしれないと。一矢を見直したし、一矢のために生きている間は頑張ろうと。笑い顔も本当に可愛いんですよ。でも今でも急に、「怖い、怖い」って言うんです。

私が知る植松

私が知る植松ですが、彼がやまゆり園に来てから辞めるまで、私は会長でした。彼とは面識もありますし、話も二、三度しています。担当のホームが違うので、催し物などの時に会いました。「会長さん、一矢さん元気にやっていますよ」と言ってくれました。

事件のテレビを見た時、最初は彼ではないと思ったんです。全然違う写真でした。彼は大学の時からやまゆり園に入ってからも、顔を整形しています。私の印象は、最初の頃好青年、頑張っている子に見えましたし、今と違っていましたから、犯人とは思えなかったんです。職員になりたての写真が二日めのテレビにでて、それで彼だってわかったんです。職員が二〇〇名近くいますから、顔は知っていても名前は知りませんでした。報道を見る中で、「こいつ」ってなったんです。それから憎いといったような感情が出てきた。彼が犯人だと理解するのは、つらかったですね。

報道にでるべき私の責任感

ＮＨＫが先ず取材に来て、息子さんをテレビに出していいかって言うから、私は一矢が子どもの頃から恥ずかしいと思ったことはないので、いいですよと言いました。

一矢のためにも全部喋る。園や家族会が取材拒否していますから、誰かが喋らないとと思っています。

匿名と取材拒否

パニックってた私が病院に行くちょっと前に、家族会の会長や遺族の方もいらしてて、園長が津久井署に電話をしているんです。（後に判りました）匿名をお願いしたいと。遺族の方で、最初は二人だったんですが、匿名にしてくれということで警察の方に連絡しているんですよ。

警察はこれまで前例がないので、津久井署は一旦断ったんですね。それをまた、来ている家族みんなで協議して、あらためて再度もう一度園長と家族会の会長が津久井署に電話をして、懇願したんです。要するに、遺族の方がどうしても匿名にしたいということなので、お願いできませんかということで、もちろん津久井署も本署と電話で話したんでしょうが、わかりましたと、今回はいちおう特例ということで、それは認めましょうということになり、警察の方から各報道関係者に連絡をして、匿名になったというわけです。

匿名はわかるんですよ。それは亡くなった方ですからね。でも、怪我した人の家族は匿名とか言っているわけでもないし。ただかながわ共同会と津久井やまゆり園と家族会も、全部の家族に取材拒否してください、答えないでくださいという通達をだしたんです。ですから、家族も一切話をしなくなってしまった。だけど、こうして私一人が、私には話すなとは言わないんですよ。私は言われたって、冗談じゃないよというタイプなんで、ずっと取材を受けてきました。

家族会が取材に応じないということを大変残念に思っています。事件の後、家族会の中がバラバラになっていることも残念です。

遺族の二名が匿名でと。それで園長が警察に電話して。匿名が多かった。同意書にサインすることで、共同会の通達となったわけです。

匿名の理由は、昔から知的障害者は差別されてきた、自分の子どもを殺してしまった、家族ごとどこかに追いやられた、そんな偏見が今だにとれない。家族はそんな子どもを隠しているんです。

私の知っている人なんですが、一日だけテレビに出て顔を出したのですが、故郷の田舎の方から電話がかかってきたそうですよ。それまで知らせてなかったようなんです。なぜ、皆さんなぜ？って思います？　意地の悪い言い方をすると、自分本位なんですよ。自分がかわいいんです。自分の子どもより、自分がかわいいんですよ。だからこの子が障害ってわかったら、親戚、近所みんなから言われて、恥ずかしい思いをすると。いやだ、だから隠そうとする。それが匿名になった背景です。私はそういうの、嫌いなんです。

再婚しましたから一矢は私の子ではないし、一矢が四歳の時に知り合って、私はこの子がかわいいと思って、この子がなんとかなればいいなと頑張ってきました。だから全然恥ずかしいと思ったこともないし、怖いと思ったこともないし、だからなぜ障害を持った子が自分の家族、身内なのに隠すのか、私にもわかりません、はっきり言って。だから、それは自分がかわいいから、自分を守ろうということです。

私が知っている範囲でも、夫婦でも津久井やまゆり園に一度も来ない人がいるんですよ。お父さんが、お父さんなのに、全部お母さんにやらせていて、勝手にしろと。そういうお父さんもいるんです。で、お墓もそうなんですよ。

お墓には本人、お父さんやお母さん、親戚の人もいます。親の後を受け継いだ長男でなく、そうでなければ障害をもった家族の人たちは、障害をもった人が亡くなった時に、お墓に入れてくれないんです。これ、ホントです。私、これ実際に経験したんです。

会長をやっている時に、要するに、遺骨を持ってどこへ行ったらよいでしょう？　って。夜よなかに電話がかかってきたんです。遺骨を持って家に帰ったら、主人が、なんだっそんなものを持って来てって、それをどこかに置いてこなきゃ、家に入れない、もう一緒に帰って来るなって。会長さん、どうしたらよいでしょう？　これが現実なんですよ、知的障害者の家族の方の。自分の子どもがかわいいんですけど、それを夫婦でもわかちあえないとか、親戚でもわかちあえないとか、だからしょうがなく隠すという人もいるし、表に出すのが嫌だという人もいるんです。その現状が、事件で匿名となるのです。

もちろん、こんな親ばかりじゃありませんが。親がやまゆり園に入れたのは、施設運営が大きくて県とのつながりがあるからです。これが、小さな運営者だとやっぱり親は安心できません。不安なんです。今回、県の直営でやってほしいという親の声もあるんですよ。

今度は取材拒否のことですが、共同会や園が施設をあまり世間に知らせたくないというのもあるんだと。悪いイメージをだしたくない、でも私は逆だと思っているんですよ。私自身は話すことによって、話したりテレビに出ることによって、全国の人が見たり聞いたりして、津久井やまゆり園の人たちに逆に励ましをしてくれたり、支援をしてくれたりする人がいるから、私は理事長に何度も言いました。ぜひ、報道に対してきちんと話をして下さい、会って下さいと、園長と何度もケンカしました、私は。でも園長は、やっぱり言えないんです。なぜか？　県の方から逆に止められているんですよ。県も要するに報道には喋るなと、県の方から言われているんです。園長がそうだから、職員ももちろんそうですよ。もし喋ったら、職員はこれっになっちゃうんじゃないですか。だから私に、尾野さんが喋ってくれてありがたいと思うし、私のことをみんなが応援してくれるっていうのはそういうことですよね。他の家族もそうです。理事長とケンカもしましたが、今は電話でも話しています。県庁でかながわ共同会として記者会見しました。それも私がさんざん言ったんですよ。それでやっと日にちも決めて、本来は一月最初にやる予定だったんですよ。しかし理事長は詰め腹をきらされた、やめなさいと。それで理事長が辞任表明をしたということで、テレビ報道がされているわけです。私はその日の夜に話をしてるんですよ。それで、記者会見のことで詰め腹をきらされて、今それの尻拭いを自分はしなくちゃいけないと。県はそんな感じです。

アメリカと米大使館は

ところで、ニューヨークタイムズの記者も取材に来てくれて、それが記事になりました。写真入りで載ったんです。それをアメリカの元上院議員のトム・ハーキンさんが直接ケネディ大使に電話をかけて、私と会いたいからとセッティングしてくれました。ケネディ大使が承諾して、でも私一人で会うわけにはいかないから、障害者の人を大勢集めて、障害者と集うレセプションにお招きを受けたということです。

塩崎大臣も、他の議員もおりました。ケネディ大使とトム・ハーキンさん、そして通訳の方との四人の写真が家にあります。

津久井やまゆり園とは

津久井やまゆり園は県立で、指定管理団体です。全国で第一号として指定管理団体になりました。社会福祉法人かながわ共同会が指定されたのです。

第三日曜日が面会日。県、家族会の定例会で、役員会、家族会をやって全体会と、園からの報告となります。

やまゆり園の様子を話します。昨年（二〇一六年）三月まで私は一七年間家族会の会長をしていました。会長の私は園の鍵を持っていて、自由に出入りできました。他の家族は月一回の定例会に来るだけです。家族会の三割位は殆ど定例会にも来ません。

私は全部の居室と管理棟に入れる鍵を持っていましたから、抜き打ちで居室に行くんです。当時の県立職員は本当に怠慢が多かったです。ホームの中でたばこを吸っているのは当たり前、横になってテレビを見ている、利用者さんがいてなんかやっているのに、利用者さんを見てないで、自分でソファに寝っ転がってたばこを吸ってテレビを見ているんですよ。そういうところへ私が行くんですよ。もうあわててみんな飛び起きますからね。園長は注意をしますと言うんですが、聞きっこないですよ。

津久井やまゆり園は一九六四年の二月にできました。その時は百名の施設でした。誘致する時に、地域の皆さん方から年齢制限なく県立の職員として五十何人か雇う、試験も何も無し、福祉のふの字も知らない人たちが職員になったんです。その中にだらしない人もいたのは事実です。それが何年も辞めないで指定管理になるまでいたんです。とても情けなかったです。当時会長でしたが、家族会として県から共同会に指定管理するよう、県に要望しました。県の職員は順次辞めて、共同会独自で職員採用をしました。

植松被告と事件と精神障害者

ここでちょっと植松の話に戻って、それで事件と精神福祉のことを考えてみたい、話が行ったり来たりしますが。

事件が精神福祉に与えるということで、やっぱり事件は植松が常軌を逸した人間であるということですよね。ですから、それが精神障害であるということで相模原市で北里大学病院に入院させられました。

首になる前に、本人が辞めますと言って辞めちゃいました。彼の採用にあたってホーム長も関わって、審査して、最初は一生懸命やってくれたと。彼が園に入ったばかりの頃の、本人の文章をちょっと紹介します。

「初めまして。この度のぞみホームで勤務になりました植松聖です。心温かい職員の皆様と笑顔で働くことが出来る毎日に感動しております。仕事では、毎日が分からない事だらけです。右も左も分かりません。経験豊富な先輩方の動きを盗み、仕事を覚えていきたいと考えています。今は頼りない新人です。

しかし、一年後には仕事を任す事の出来る職員を目指して日々頑張っていきます。これからも宜しくお願い致します。」（家族会の会報二〇一三年五月発行）

一年半から二年前ぐらいに、彼が入れ墨を入れていることがわかってしまったんですよ。大学時代に入れ墨を入れていたようです。それがわかってから、園としては辞めさせるかどうかを検討したそうです。しかしその頃はすごくまじめだったんですね。一生懸命やってくれたから、まあ入浴介助の時にはウェットスーツを着てやるようにしたわけです。

辞める前の昨年あたりからおかしくなってきて、変な言動を始めたと。利用者さんを罵倒するとか、それで職員はおかしいな？　上司も彼に説教しました。最初は「はい、気をつけます」と。しかし直らないということで、昨年の二月になって、自分から辞めたというわけです。その頃、衆議院議長に「手紙」を出してる。

津久井警察署は、議長に出した「手紙」は津久井やまゆり園に出した「手紙」ではないから脅迫文とは言えないと。だから共同会に対してはその原本は見せない。今でも警察署にあるままです。衆議院議長宛に出したから脅迫文とは言えないというのは、皆さんもおかしいと思うでしょ。あの文面は誰が見ても脅迫文です。四〇〇人、やまゆり園と厚木精華園、殺せると書いてあるわけです。事件後は精神耗弱で無罪になって五億円もらって、悠々自適に暮らすって。ふざけるんじゃねえっていう文面を書いている。あの最初の文面を読んで、脅迫文でないという方はいらっしゃらないと思います。ですから、神奈川県の検証委員会の見解が間違っていると、私は思います。私は委員会の委員長に直談判しました。そうしたら、委員長も「申し訳ありません。私もそう思います。委員会でそれを何度も言いました」と、「だけど、最終的に負けたんです」と。検証委員会の報告書は県のいいなりなんですよ。

要するに、共同会を悪者にして納めてしまおうということなんです。警察署も相模原市も、責任があるよとなってしまうと、大きな問題になってしまう。相模原市も、神奈川県も、厚労省も、結局そう納めたいんです。

精神障害者の人たちの大変さ、私自身も考えるようになった。私がもう少し精神障害者のことを理解しなけりゃいけないないなと思います。

精神障害者の皆さんの前で話ができて、私も大変うれしく思います。これからもよろしくお願いします。ありがとうございました。

※原稿の著作権は、尾野剛志・チキ子（著作）、ＹＳＰ「横浜ピアスタッフ協会」／栗原那宙（編集著作）にあります。この原稿の扱いは両者から承諾を得ています。なお、今回は堀利和が原稿を起こしましたので、文責は堀にあります。

〈資料〉　第七回神奈川県障害者施策会議専門部会議事録
（家族会および職員からの意見聴取）

堀江会長

　第七回の再生部会になりました。今日も円滑な議事にご協力お願いします。ご挨拶がありましたように家族会の皆様方と職員の皆様、お忙しいところお越しくださり、本当にありがとうございます。二時間の時間を十分に使いながら皆様方よりご意見を伺いたいと思いますので、ご協力よろしくお願いします。

　住民の方々の声を伺う回に関しても部会で検討していきたいと思います。また、今ご報告いただいた住民の方の声や議員のご意見等も部会でしっかりと検討していきたいと思います。

では、今日の議事に入らせていただきます。

　議事の第一番目ですが、津久井やまゆり園家族会の皆様と職員の皆様たちからの聴き取りです。最初は家族会の皆様たちからのお話を伺う時間とし、家族会の方から、利用者の生活の様子や再生に向けた思い等を話していただきます。その後に、委員からの意見等を取りまとめたいと思います。それでは、家族会の皆様、よろしくお願いします。

津久井やまゆり園家族会：大月会長

　今日はこのような場を作っていただき、ありがとうございます。

　津久井やまゆり園のことについて、なかなか外に発信する機会がありませんので、この場で、私たちがいかに津久井やまゆり園で楽しく暮らしていたかということを分かってほしいということと、事件以降の苦労を皆様と共有でき、これからどういう道を切り開いていけばいいのかということについてコメントをいただければと思います。

まず、園が作成しましたビデオをご覧になっていただければと思います。日中活動及びその他の活動の様子について、一一分のビデオです。退屈な部分も無きにしもあらずと思いますが、ここが私たちの主張の原点ですので、よく見ていただければと思います。

※映像が流れる

次のスライドに移りたいと思います。（スライドを見ながら説明）

私たちは津久井やまゆり園で大変楽しい日常を過ごしておりました。まず、みどり会（家族会）ですが、去年の時点で会員は約一七二名ほどです。そこには、グループホームの方たちも含まれます。毎月の家族会以外にも、三大行事と言いまして、六月「笑顔がキラリ」、八月「納涼祭」、〇月「祭りだよ、やまゆり」が開催されています。

笑顔がキラリですが、理事長のあいさつから始まり、私もあいさつをさせていただきました。桜美林大学のエイサーの披露、ＭＩＭＯさんのコンサート、この中では皆さんがステージに上がって一緒にワイワイ騒いでいます。また、秦野精華園から応援に来ていただきました。このように、いつもまったりとした時間を過ごしていました。

祭りについては、オープニングに始まりまして、津久井養護学校の和太鼓演奏、地元の方のコサコイ、ミュージックボール、最後は大抽選会です。その中で、私たちはバザー活動を通じて、資金を貯めて、園を支援するという活動をしています。

納涼祭は、盆踊りと花火ですが、盆踊りは地元の農協の婦人部の方に応援していただき、花火は職員の方たちが自分たちで扱えるということで、最後に二〇分ほど打ち上げています。非常に楽しい夜を過ごしておりました。屋台等も出ていまして、昼間はお腹を満たし、日が暮れるとともに盆踊りをしていく、そして最後に花火ということでした。

それ以外に、月に二回くらいのイベントを地域と交流しながら実施していました。余暇活動については、ホームの外出等も非常に充実しており、買い物や旅行、野球や相撲観戦、まさに利用者の意思を最大限に引き出すような活動をしてもらっていたと思います。

津久井の最大に優れたところは、やはり医療的ケアだと思います。園内診療は、内科・精神科・歯科・皮膚科・耳鼻科・摂食嚥下療法科がありました。それを看護師四名、非常勤看護師五名という充実した体制で支援していただいています。

津久井やまゆり園は、家族にとっては苦労の末、やっとたどり着いた場所です。子どもたちにとっては、かけがえのない暮らし、簡単に言えば、家かなと思っています。そして、ここが大事なところですが、私たちが確かに信頼できるのは、社会福祉法人かながわ共同会の支援だということです。先ほど説明がありました住民説明会の意見で、県立県営に戻せという話がありましたが、それは大きな間違いだと思います。県立から民営に移り、非常に自由度の高い本来の支援が実現できています。これも、ここに来ておられる入倉園長の情熱の賜物かなと思っています。

しかし、残念なことに事件が起こりまして、全てが一変しました。

事件当日ですが、私は五時半頃に家族からの電話で園に急行しました。園長からメールもありましたが、それを見る暇もなく向かいました。そして、一日中、ご家族、ご遺族の方に寄り添って、いろんな話をさせていただいて、その胸の内を垣間見させていただきました。そうこうしている間に、二時頃、黒岩知事が来園されました。知事は事件最中ということで、中には入られず、外で報道に囲まれながら大変な思いでインタビューされていました。私もそこで知事から献花をいただきました。

この日の最大のことは、ご遺体との対面でした。一〇時頃から始まり、当初は二四時頃を越えるだろうと言われていましたが、県警の努力によって二三時頃に終わり、ほっとしたところです。

当日以降の利用者の生活の様子ですが、当日、ゆめホームには四四名、定員二〇名のところに倍以上の方が入るという生活を余儀なくされました。体育館には三三名の方が生活していました。

八月一〇日から一三日の間に現場特殊清掃がありました。これは逆に言えば、八月一〇日まで、一三日までかもしれませんが、約二週間強にわたり、支援をしてくれた人は現場を通りながら体育館に通っていただいた、あるいはゆめホームに通っていただいたという状況で、その間、本当に大変な思いやご苦労をなされたと思っています。その後も八月いっぱい、一か月と少し、この施設の中で生活をして、九月一日に県内の他の場所に移ることによって、体育館等での生活は解消されたということです。

翌日からの私の行動ですが、約一週間葬儀に参列しました。合わせて一三名の方の葬儀に出席しましたが、その中で感じたことが二つあります。一つは、ご家族といっても非常に様々であり、立派なお葬式をあげられる家もあれば、読経もなく荼毘にふされるというご遺族もいました。本当に様々だと改めて実感いたしました。もう一つは、家族会ということですから、本来、両親が面倒をみているのだろうと考えるかもしれませんが、大半の方が兄弟姉妹の方という現実もあります。そういうエピソードもあります。

八月一一日になりますが、特殊清掃が入った翌日ですけれども、知事が来園されまして、職員や利用者の状況を見ていただいて、その上で、一二日に建替えか改修か、再生を進めると言っていただきました。本当に、建替えと聞いたときには希望の灯がともったような気がしました。すぐに緊急役員会を開催して、約一か月間で家族の意向を調査して、それを要望書にまとめて、九月一一日の翌日に知事に提出いたしました。そして、それを受けまして、九月二三日に知事に建替えによる再生を決定していただきました。一一月一一日には、厚生労働省に支援を要請されるなど、精力的な活動をしていただきました。

多くの方から、やまゆり園への献花や励ましをいただきました。ここに出ているのは、ほんの少しですが、やまゆり園の庭に三本の木がありますが、その三本の木に一m以上献花を積み重ねなければならないという状況でした。

黒岩知事に要望書を提出したわけですが、要望の内容はこの二点です。その理由をよくご覧いただきたいのですが、改修により、いかにホームの中を変えても、同じ通路を歩き、同じ居室のドアを開けての支援はつらいという職員の声を聞いたときに、他に道はない、つまり、家族のエゴで建替えを求めている訳ではありません。津久井やまゆり園が非常に大切な施設であることは私たちは重々知っていますので、この施設を大事にするためにも安易に改修を先導することはできないという思いが、この要望になっております。併せて、二点指摘させていただきました。それは、園で暮らす利用者と支援する職員を中心に据えた再生プロセスにしてほしい、これは切なる願いです。併せて、このような惨事を二度と起こしてはいけない、こんな不幸にあう環境を二度とつくってはいけない。私の考え方でもありますが、支援職員を孤立させない相談支援の仕組みが必要と言わせていただきました。

意向調査の結果ですが、改修が一〇%、残りの判断できないという方は、あまりにも大きいことなので判断できない、お金がかかるということを気にされて、職員の意向、家族会の意向に従うということです。今考えてみますと、改修の一〇%の方は今の状況を想定されていた非常に賢明な方と思わなくもないですが、その時点ではそのような判断は私どもにはできませんでした。

意向調査での家族の意見を二、三ほど紹介します。職員の心情を思うと建替えは全員の願いである、これから入所する人たちにも過去を思い出せないような建物にしてほしい、必ずやまゆり園に戻ってこられるよう約束してほしい、事件前のように安心して住めるような環境は建替えしかない、施設は今後も一〇年、一〇〇年と長くずっと続いている、早くやってもらわないと親は逝けない、一日も早く建ててという声もありました。

そして、私たちが一番気を尽くしたのがお別れ会です。遺族の方は、もう、忌まわしい思いが起こる津久井やまゆり園に来たくないという率直な気持ちがあります。でも、どこかで区切りを設けて立ち直らなければならないとのことで、一〇月一六日に皆様のご理解を得て、黒岩知事のメッセージを代読していただくという形で無事にお別れ会ができました。それに先立ち、利用者と職員中心で八月二五日、二六日で祈る会をやっております。それから、より大変なことになるかもしれないから、家族だけでしめやかな時を過ごそうということで、九月には祈りの場を家族会の中で設けております。

続いて、園の再生基本構想への取組みについてです。早速、お別れ会が終わった後、県、法人、園と意見交換をしまして、園の再生について基本構想をとりまとめる、そして、みどり会では家族の要望をアンケートにまとめまして県に届けました。県は精力的に動いてくださいまして、一月に基本構想をオープンにしたわけですが、一月一〇日の公聴会では異論が出ました。その異論の最たるものは、利用者の意見を聴けというものでした。それを受けまして、現在の部会が設置されて、本人の意思確認、地域移行というような議論が行われています。

ただ、ここで一つ申し上げたいのは、この園の再生ということと地域移行というものを二つだけ見ますと、おかしいですよね。なぜ、園の再生に地域移行が出てくるのかおかしい、誰も理解できません。しかし、ここに利用者の声を聴けというものを入れますと、本人の意思確認、地域生活移行、園の再生とつながっていくのです。私たちが、なぜ地域移行は関係ないと言っているかと言いますと、私たちは正規の仕組みで支援計画に基づいて入所しています。他人から何だかんだと言われる筋合いはありません。住めなくなった、暮らせなくなった園を建て替えてくださいと言っているだけです。でも、そこに利用者の声を聴けという考え方を入れますと、園の再生と地域移行が正しいように映ります。私は、これは一種のレトリック（弁論術）だと思います。この不幸な事件を利用しようと考えていた人がいたとしか私には思えません。

家族が思う再生のコンセプトですが、この子たちにより良い未来を作りたい、この思い一つです。利用者の人権が守られ、安心安全で快適な暮らしの場、これを是非作りたい、そして、支援の質も向上していただきたい。これはやはり、今、利用者の意思を尊重した支援というのがありますので、今も十分にやられていますが、さらにその上を行く支援を推進してほしいという思いからです。地域といかに共生をしていくか、これも重要なテーマであると承知しています。

園の再生の基本理念、これは私どもより、もっと非常に強い意味合いを持っています。事件に屈しないという非常に重たい提言です。現在の地で全面的な建替えによって事件を風化させることなく、事件の凄惨なイメージを払拭し、再生のシンボルとして、利用者の人権に配慮しながら、安全安心で暮らしやすい新しい園を作ります、このようにきっぱりと言っています。大変素晴らしい内容だと私は思います。そして、今、私たちは芹が谷園舎を借りています。

県から最初に説明があった日は、要望書を決める九月一一日の家族会でした。しかし、この県から説明を聞いたときに、家族は非常に冷静に受け止められていたことに感謝をしたいと思っています。当初、事件が起きてから、どこかで仮移転をしなければだめだということで、県の方でも相模原とか厚木とかで何か施設がないかと探していただきました。でも、具体的にあったのは芹が谷だけだったということです。決まったからには、そこで何とかしようということで、家族会でも積極的に見てきまして、これで何とかなるなと確証を得まして、三月一七日の感謝の集いを迎えました。それから、知事は最後のやまゆり園を三月三〇日に見ていただき、職員の苦労を労われています。また、四月二四日には、新しい園を見ていただきまして、その中で、前よりも明るさが戻ったとほっとしていただいたところです。感謝の集いは、先ほど見ていただいた津久井やまゆり園のVTRを見ながら、いろいろとお世話になった方から、一言一言心温まる元気になる言葉をいただきました。

平成二九年度の利用者の人数ですが、芹が谷園舎に一一〇名、県立の施設に八名、法人の施設に一三名です。他の施設に行っておられる方について、一番難しいというか悲しいのは、津久井やまゆり園の職員から支援を受けられないことで、大変申し訳ないと思います。早くこの方たちに安心していただける環境を作らなければと思います。それから、津久井に二三名を残してきております。この方たちも大変心細い思いで、日々を送っていられると思います。一刻も早く帰ってきてほしいと、その日を首を長くして待っておられます。総計、家族会一五四名の方が、この家族会の活動、県の部会の動きを固唾を呑んで見守っている状況です。

芹が谷園舎は私と同い年でして、昭和二四年にできた施設です。県の大事な予算を使っていただいて、何とか住めるようになっております。ありがとうございます。

この事件によりまして、全てが一変しました。楽しむ気持ちがなくなったというのは当然ですけど、毎日毎日が、明けても暮れても津久井やまゆり園のことだけでした。家族が分裂しないように、それから、何より津久井やまゆり園の職員がバテないように、事故を起こさないように本当に祈るような気持ちでした。そして、忘れてはいけないのは、遺族の方々の気持ちを本当に受止めながら、亡くなったから関係ないよというのではなく、遺族の方たちの気持ちも受け止めて、これからの園をやっていこうということです。それで、お別れ会を無事にできましたことで、日常を取り返すきっかけになりました。そして、今は園の再生に向けて心をひとつにと考えています。私たちは、この事件で大きな十字架を背負ったと思っています。生涯を通じて、この事件を語り継いでいかなければなりません。園の再生構想の大きなテーマと私は考えています。

園の再生についてということですが、建替えは、黒岩知事がこの事件で利用者・職員・家族に寄り添っていただいた結果の決断であり、事件に屈しないという決意です。施設は決して悪いものではありません。先ほど見ていただいたように、胸を張って、非常に楽しい良い施設だったと言えます。私たちは津久井やまゆり園で楽しい暮らしを送っています。事件により使えなくなった施設を一刻も早く取り戻し、元のような形にできるようにしてください、というのが私たちの切なる願いです。私たちはグループホームや地域移行を決して否定するものではありません。でも、津久井やまゆり園は、私たちがやっとたどり着いたところです。他に行くところがなかったのも事実です。二度と事件を繰り返さないことに関しては、困った職員が出てきた時にカウンセリングできる仕組みが必要だと私は思っていますが、ここではそのことについては言及いたしません。

施設の利用を望む家族は多くいます。障害者白書を見ますと、知的の障害児者は七四万人で、在宅に六二万人、施設入所が一一万人です。身体、知的、精神の障害別に見ましても、知的障害のある方がどれだけ施設を頼っているかということが分かると思います。

事件以来、黒岩知事は、利用者の様子、職員のつらさ、家族の不安に寄り添って、ここまで取り組んでいただきました。そして、誰もが利用者を一番に考えてきております。利用者の声を聴け、聴いたのかという心無い言葉は、私にはヘイトスピーチとしか受け止められません。このことによって、皆がいわれのない苦悩を感じています。これは、植松が「障害者はいらない」と言ったことに匹敵するくらい、私たちにはショッキングな言葉です。

昨日の読売新聞に堀江会長が、障害が重い人の意思が、どういう暮らしをしたいか一人ひとりの意向を丁寧に聴くと力を込めて話されたそうです。おっしゃっていること自体は正しいと私は思いますが、この事件とは無関係です。私は部会長、委員の皆さんあてに送られてきた全国障害児者の暮らしの場を考える会の新井たかね会長のお手紙に本当に百人力をいただいたと考えています。それが今回、我々が望む対処の基本だと思います。それに、この部会で検討された障害者の意思を尊重した支援を実現することが、この事件を克服するための大きな要素であると付け加えていただくと、筋の通った素晴らしい報告書になると思います。

本当にあんな津久井の地にまた住むのかというご意見もありますが、実感として、津久井やまゆり園の敷地以外に現実的な建替えの地はありません。津久井だからこそ、事件に屈しないとの強いメッセージが発信できます。そこでまた、私たちは社会福祉法人かながわ共同会の支援を受けたいのです。受けられるように是非お願いします。

ちょっと長くなりまして恐縮ですが、以上です。

堀江会長

ご説明ありがとうございました。事件前の利用者の生活や事件後のご苦労などについて共有させていただきました。家族会からの意見や思いを受け止めて、今後部会で議論していきます。その中で家族と同じであると感じたのは、子どもたちに明るい未来、次をつくってほしいというところであり、大変ありがたいメッセージをいただきました。また、支援の質を上げてほしいということや、これからも地域との共生を図ってほしいということも、大事なものとして受け止めていきたいと思います。

委員から質問や意見があればお願いします。

小川委員

ご説明ありがとうございました。心に響きました。自分の考えとすり合わせて考えさせていただきます。

ただいま、会長からご説明いただきましたが、その他のご家族からも、本日せっかくお越しいただいたので、それぞれの思いをお聞かせいただけないでしょうか。

家族会：副会長 杉山氏

私は前職が教員でしたので、教員の立場から述べさせていただきます。私の子どももそうですが、家族で生活している中では、日常生活の技能や知識を与えることは、非常に困難でした。その後、弘済学園に入所させた際にたった一週間で歯が磨けるようになり、コーラがなければ生活できませんでしたが、なくても生活できるようになりました。それは何故かというと、集団の持つ教育力であると思います。健常者はなぜ教育するかというと、知識を身に付けるためでなくて、社会生活の中で自分の立場をわきまえて、みんなと生活していく術を集団の中で自然に身に付けるためです。障害者がグループホームや小規模の施設にいた場合、集団の持つ教育力を受ける場がないことになります。大規模施設を悪だと言う方がいますが、私は大規模施設が決して悪であるとは思っていません。集団の持つ教育力の発揮というのは、障害者にとって必要なものです。グループホームや小規模の施設では、集団の持つ教育力を身に付けることはできません。大規模施設で社会性を身に付けて、初めてグループホームに行けるのです。こういった道筋を経て、私の子どもはグループホームに行きました。私の子どもは全介助です。それでも集団の中でみんなと仲良く暮らす術を身に付けられたので、グループホームに行けたのです。このように大規模施設という教育の場は失わせてはいけません。そういった施設に入ってこそ、知的障害者は一般の社会生活を送るための知識、技能を身に付けることができます。このことを是非理解していただきたいと思います。

家族会：評議員監事　関野氏

私の兄が津久井やまゆり園の利用者で七六歳になりますが、三三歳のときに横浜市の方から声がかかって中井やまゆり園に入所しました。平成八年に津久井やまゆり園に移動しました。もう四十数年いますが、本人は終の棲家と認識しております。

家族として、一番の問題と考えることは、植松の「障害者は不幸を生むだけだ。生きていても無駄だ。障害者の家族は不幸だ。」という発言です。これには憤りを感じていますが、全国の障害者の団体はこの植松の発言に負けないように生きてくれと言っているので、会長もおっしゃったとおり、津久井の地に施設を再生することが大切だと思います。この事件で多くの方が亡くなり怪我をされましたが、決して生き残った者は運がいいわけではありません。家族にしてみれば殺されたのと同じです。あの地に、楽しく暮らしていた場所に単純に再生してほしいというのが、家族会の、家族としての私の一点目の要望です。

二点目は、津久井やまゆり園は五十数年ありますが、突然この事件で住むところがなくなってしまいました。このたび芹が谷園舎に仮移転しましたが、これは県とかながわ共同会にご尽力いただきました。特に知っておいていただきたいことは、津久井やまゆり園の職員がこの仮移転に伴い引っ越しをして支援してくれていることです。これには、家族として涙が出ました。また職員の方の通勤についても一時間や二時間もかけて来てくれています。かながわ共同会の努力があって仮移転できたことについて、感謝しています。

三点目は、神奈川県には、三浦しらとり園、中井やまゆり園、津久井やまゆり園と三つの大規模施設がありますが、これらの施設に入りたい方、待っている方はまだまだたくさんいます。今、地域移行などベストの方法を考えているようですが、ベストの方法は望んでいません。ベターでいいのです。神奈川県が大きく三つの施設をつくってくれていることに、家族会としては感謝しています。家族は津久井の地に住むところを確保していただきたいだけです。皆様が重度知的障害者のためにベストな方法を考えていただくのは大変うれしいですが、私は、他の施設にも同じように声をかけて、地域移行を進めていただくべきだと思います。地域移行は時間がかかるものであると思います。まだまだ大規模施設は必要であると思いますので、一刻も早く確保していただきたいです。

最後に、部会での検討結果の中に、家族会の要望が「復帰」であることを記録していただくことを望みます。

家族会：役員 平野氏

私は皆さんと違いまして、むしろ施設は少なくしていくべきであると考えます。家族会の中にも違う意見はあります。施設の生活に満足されている方ばかりではありません。

私の子どもは二七歳になりますが、津久井やまゆり園に入って三年になります。入園してから状態も良くなって、津久井やまゆり園には感謝しています。しかし、施設にいると土日は支援が少ないので、外出できないなど自由度が低いという現状があります。

事件の後、三浦しらとり園に移動していましたが、三浦しらとり園では一切外出しない、園内すら散歩しない、部屋から一歩も出さないというところで、最終的にパニックになってしまって、なんとか津久井やまゆり園に戻していただいたという経緯があります。このように、施設の負の面はあります。非常に自由がきかない。好きなときに好きなものを食べて、好きなことをすることができるようにしてほしいです。

施設にいる方はなかなか外のことをご存じなくて、地域移行についてもご存じない状況だと思います。北海道のはるにれ、長野の西駒郷、千葉の袖ヶ浦など、そういう事例を皆様ご存じないので、なるべく家族に周知していけば意識が変わっていくと考えます。

今芹が谷にいて、おそらく四年間くらいいると思いますが、四年間もいたらおそらくほとんどの利用者は津久井に戻りたくないというのではないでしょうか。職員の方も津久井はもう嫌だと言うかもしれません。津久井は山の中でどこに出かけるにも非常に大変で、通勤も大変です。あそこで外のサービスを使おうと思ってもなかなか来てくれる人がいない。それを考えれば、地域移行をして、社会に出やすい環境にすべきであり、建替えに何十億というお金をかけるのであれば、地域移行に使った方が有効であると思います。

また、先ほど待っている方がという話がありましたが、私の妻もガイドヘルパーをやっていて、在宅の方と接触がありますが、できれば施設に入りたくないという方が多いです。私の感覚では、待っている方は仕方なく待っているだけであって、グループホームなどを地域につくっていけば、おそらく施設に行きたいという方は減っていくと思います。そう考えても、重度の方がいるので、施設を全く無くすとまでは言いませんが、施設はなるべく縮小していくべきであると考えます。地域移行の良い点を皆様に知らせていくべきであると考えます。

家族会：前会長 尾野氏

この事件の被害者である息子は四四日入院しました。大変な事件に巻き込まれてしまって、家族会だけでなく、家族にも今までにない絆ができました。

前回の部会では、大規模施設はいらない、地域移行を進めるなどの話があったと聞いていますが、このことについて家族として意見を言わせていただきます。津久井やまゆり園は、定員が一五〇名で確かに大規模施設ですが、それは地域移行という考え方の中において、施設が地域に開かれていれば「地域」なのではないのでしょうか。グループホームでなければ地域とは言わないのでしょうか。大規模施設である津久井やまゆり園も、立派な地域です。津久井やまゆり園は、先ほど会長が申したとおり、一つの家です。正直、今部会が行っている審議は一つの家、家族をバラバラにしようとしているとしか思えませんし、納得がいきません。余計なことを考える必要はありません。あの地に、最低でも事件前の規模の施設をつくってください。お願いします。

地域移行とは何でしょうか。それから意思確認とはなんでしょうか。委員の皆さんは利用者に会ったことはありますか。本当に意思が確認できると思いますか。すぐに意思が確認できる子はいません。意思を確認するには、五年も一〇年もかかります。私の息子だって言葉は言えますが、意思を確認することは難しいです。

支援費制度ができてから、大規模な施設はやめましょうという国の方針に則って対応してきたと思いますが、現時点でなされていません。これは神奈川県だけではありません。全国に一〇〇人や一五〇人の施設がたくさんあります。平成一五年から始まって、宮城県や長野県などコロニー的な施設、四〇〇人、五〇〇人の施設は解体しました。しかし、解体しても、一〇〇人の規模の施設になっただけです。本当に全てグループホームになったわけではありません。もう一五年も経っていますが、できていません。本当に大規模施設でなければ暮らせない人がいるのです。それが津久井やまゆり園、愛名やまゆり園、三浦しらとり園です。そのことも考えて審議してください。

事件が起きて建替えの方針が示されて、六〇〜八〇億円がかかることが発表されたことに対して、そんなお金があるならグループホームをつくればいいという建替えに反対する人がたくさん出てきました。その反対している人たちは、知的障害者とは関係ない人たちです。全国から集まってきた、津久井のことを知らない、神奈川県の福祉のことを知らない、津久井やまゆり園の利用者のことも知らない、かながわ共同会やその職員のことも知らない人たちが騒いだ結果、このような審議がされているわけです。このことは非常に腹立たしいことです。本当に審議会になっていますか。

堀江会長

様々なご意見をありがとうございました。皆様の意見を噛み締めながら審議してまいります。時間が押しているので、次に進み、後でまとめて意見交換をしたいと思います。

では、津久井やまゆり園の方々からご説明をお願いします。

津久井やまゆり園：入倉園長

〔自己紹介　入倉園長、山田支援部長、北嶌日中支援課長、葛西日中支援課主任〕

今回、堀江部会長から職員の部会への出席要請がありました。これだけ新聞報道等で部会の動きが見えている中で、出席者については非常に悩みましたが、伝えるべきことは伝えなければと考え、本日は様々な職員の思いを代弁するということで、四人で出席させていただきました。

堀江部会長から、項目をいただいているので、項目に沿って説明させていただきます。

一点目の事件前の様子については、先ほどの映像のとおりですので、ご不明な点がありましたら後ほどご質問ください。

二点目としては、芹が谷園舎仮移転後の様子となっておりますので、お伝えしていきます。

津久井やまゆり園：山田支援部長

仮移転後の利用者の方々のご様子ですが、一言で言うと、利用者の方たちにはがんばっていただいていると実感しています。昨年度から何度も暮らしの場が変わっている状況で、環境の変化を含めるとかなり不安も大きかったであろうと考えています。今までと違う毎日に戸惑っている方もいますが、支援する側としては、今まで生活してきた仲間たちとの生活を継続させる、支援する職員もできるだけ変わらないように支援を継続することで、少しでも不安を解消できればと思い、現在対応を進めさせていただいています。

津久井やまゆり園：北蔦日中支援課長

利用者の中には、「引っ越して間もない頃には「明日帰るのか」と聞いてくる方もいました。最近では、ここで暮らしていくという覚悟というか、言葉に出せなくてもなんとなく肌で感じているように感じます。そういう部分では、まだまだ時間がかかると実感しています。

津久井やまゆり園：葛西日中支援課主任

他の施設に移った方々も、この四月に数名、芹が谷園舎に引っ越してきて暮らしています。この間、受け入れてくださった施設の職員の方々は、とても親身になって支援や事件について考えてくださいました。利用者にも我々職員にも温かい言葉をいただきました。

利用者の方々に対しては、引越しがあり大きな環境の変化があったことについて、本当に申し訳ない気持ちでいっぱいです。言葉では分からない部分も多いかもしれませんが、環境の面や、職員が芹が谷園舎でも変わらない支援をしていくことを受けて、ゆっくりとご本人のペースで、今までの生活を取り戻していただけたらという思いで支援をしています。

津久井やまゆり園：山田支援部長

三番目に、仮移転後に変わった様子があればということですが、ようやく引越しを終えて、正直なところ、どうにか日常の動きが始まってきました。日中活動もやっと試行という形で開始をしたところです。新たな環境の中でそれぞれの自分の過ごし方をつくっている状況です。

支援員も、新しい環境の中での自分のライフスタイルや仕事の組み立て方を考えていますが、五月を過ぎて少し疲れも見えてきているのが正直なところです。

津久井やまゆり園：葛西日中支援課主任

まだ引越しをして一か月も経たない中で、日常の動きなどは職員もまだ不慣れなところがあり、その分利用者を不安にさせている部分もあるかと感じていますが、日常生活も取り戻しつつあって、職員も徐々に落ち着いてきたという印象です。

津久井やまゆり園：入倉園長

引っ越すことの説明も二月、三月に利用者にしてきたが、急な変化は利用者にとって大きな負担になったと感じています。これから四季折々の中で変化が見えてきたところで、精一杯対応していきたいと思います。

四番目として、仮移転後の職員の様子についてです。

津久井やまゆり園：葛西日中支援課主任

一〇〇名以上いる職員の気持ちは一言では言い尽くせません。通勤で疲れが出ている方もいると思います。津久井から横浜に引っ越した職員も多数います。それでもようやく四年間過ごせる場所に辿り着いた気持ちが正直なところです。ほっとしている部分もあるが、暮らしを作り上げていくという意味では、これからがスタートという気持ちもあります。五月からは、今まで行っていた会議や委員会活動等も動き出して、今までの職員としての役割が明確になってくるので、これからまた今までどおりの仕事を始める時期と考えています。

津久井やまゆり園：山田支援部長

津久井やまゆり園芹が谷園舎でどのように支援をしていけばよいかを日々考えて仕事をしています。微力ですが、精一杯できることをやっていきたいと思っています。二回大きな引越しを経験して職員の疲労は相当出ていますが、そうかといって疲れをリセットするような時間もなかなか取れない状況です。今後のことが決まらない中では、職員の精神的な負担はまだまだ続くのかと考えています。

津久井やまゆり園：入倉園長

五番目として、事件が発生した津久井で働くことについてです。

津久井やまゆり園：葛西日中支援課主任

職員一人ひとりそれぞれです、としか答えられないと思います。ご家族や利用者が施設を選んでくださる以上、私たちはそれに寄り添って支援をするだけかと思っています。また、職員も全員が事件の日に現場にかけつけていたので、一人ひとりが確認していくのではないかと思っています。

津久井やまゆり園：山田支援部長

芹が谷で勤務している職員の多くは、必ず千木良に戻ることをモチベーションにしていると思っています。大きな引越しを乗り越えてこられたのも、そうした次につなげるという意思があったからかと思っています。現状は、多くの職員は、利用者と一緒に千木良に戻るという気持ちで踏ん張っていると理解しています。

また、施設を否定するような報道があることを見聞きすると、これまでの自分たちの仕事そのものを否定されているような気持ちになってしまう職員も多くいます。今後も自信を持って仕事に取り組んでいけるか、芹が谷で四年間気持ちを維持していけるかどうか不安に思う職員もいます。昨今の情報により不安を抱える職員も多い中で支援に当たっている状況です。

最後の項目で、再生津久井やまゆり園に期待するものについてです。

まず、我々職員は、利用者や家族の思いに寄り添うことが大きな使命と思って日々業務に当たっています。こうした状況を踏まえてご説明したいと思います。

津久井やまゆり園：北嶌日中支援課長

戻りたい方が戻れる施設をつくってほしいというのが正直なところです。そのように思っている職員も多いです。家族の思いが大きいので、我々もご家族の気持ちに応えられるようにしていきたいと思っています。

大規模施設が否定されている昨今ですが、事件を機に小規模化するようなことはしないでほしいというのが、我々の気持ちです。正直なところ、多くの方の命が奪われたこの事件をそうした機会にしてほしくないです。利用者のご家族は、将来のことが不安でたまらないのではないかと思います。今回の事件により、何故ここまで不安な気持ちにならなければいけないのか、日々悩んでいるのが現状です。ただただ、以前の生活に戻りたいだけだと思います。安心して落ち着いて暮らせる状況をつくってほしいのだと思います。

千木良を去る前に、短期利用の利用者や通所の利用者とそのご家族には本当に申し訳ないという思いで千木良の地を離れてきました。千木良で在宅で暮らしていた利用者の方々には、津久井やまゆり園が芹が谷に移転して困っている方も多いと思います。在宅の方々からも、職員に対して感謝の気持ちとともに、労をねぎらってくださるお言葉をたくさんいただき、胸が熱くなりました。その声は、早く戻ってきてほしいという思いだと受け止めて、応えていきたいと思っています。

津久井やまゆり園：葛西日中支援課主任

事件がなければ今までと同じ暮らしが続いていたと思いますが、この事件があったことで、周りの人の意見によって生活が変化していく状況にあります。これには、ご家族からも同様のご意見が出ていて、家族会はもちろん、ホームの懇談会でも、ご家族がかなり戸惑っていらっしゃっていました。今まで通りの静かな暮らしを望んでいるのに、事件を機に生活が急変してしまったという声が多く聞かれます。

津久井やまゆり園：入倉園長

芹が谷園舎以外の他の施設に移っている方がいらっしゃいます。七月か八月の頃でしたが、その方たちには、しばらくの間ということでご理解をいただいて移っていただいておりました。実は、この四月には、全員が芹が谷で暮らしていきたかったですけれども、それもかなわない状況です。それでも、まだ待っていてくださっています。その方たちの思いを裏切らないようにしていただきたいです。しばらくの間といいながら、もし戻れなかったら、それは約束が違いますし、意思決定支援どころではないと思います。期待を裏切らずに、施設の再生をお願いしたいという思いです。

簡単でしたが、堀江会長からお示しいただいた項目に沿って、職員それぞれの意見をまとめてまいりました。以上です。

堀江会長
それでは、家族会、職員の皆様からのお話を踏まえまして、委員からのご発言をいただきたいと思います。

伊部委員
私は、皆様からのお話をこの七回目の部会で伺うことは遅いのではないかと感じておりました。皆様の真摯なお気持ちや、家族会にもいろいろなご意見があるということを含めて、直接ご意見を聴けたことはありがたいことだと思っています。
実は、私は昨日たまたま、津久井やまゆり園の家族の方と元職員の方にお会いする機会がありまして、少しご意見を伺えました。お二人とも、津久井やまゆり園そのものがコミュニティであり、日常風景であったものが、不幸な事件によって一変してしまったわけで、そこをまず理解してほしい、と同じことを強調していました。
私はもともと、地域生活移行を施策として進めることは当然だと考える立場ですが、津久井やまゆり園の件については、少し別に考えてよいのではないかと思っています。特に、元職員の方が強調していたのは、利用者の方は一見、反応がないように見える方でも、非常にデリケートであると話されていました。今、報道では、特に大月会長の言葉の中に、「みんなで一緒に」とか「共通して」といったキーワードがありますが、その点で一番懸念されることは、地域生活移行を含めた本人の意思確認をしていく際に、これまでは、芹が谷園舎に移るときでも大半の職員や仲間と一緒に移っている中で、新しくグループホームに移るときは、実は、今までの仲間と離れ離れになってしまうこと、二〇年、三〇年と一緒であった職員とも別れることになるということが、果たしてどれくらい実感されるのかということです。私には、ちょっと想像ができない状況です。もしかしたら、デリケートな利用者の方が、馴染みの職員や馴染みの仲間と一緒だから、精神的に安定できるという環境もあるのではないかと思います。そうしたことを本人がきちんと理解した上で、希望して、地域生活へ移行することは問題ないと思いますが、その辺りを職員はどのように考えているのでしょうか。

津久井やまゆり園：入倉園長

事件が起こる前から、津久井やまゆり園を運営する私どもの法人には、グループホームが四か所あり、グループホームに移った方が一六名いますが、同じ法人が運営しているから移るという声をよく聞きます。全く別の法人のグループホームに空きが出たとしても、利用者がそこへ移ることを希望するかは別だと思います。今回、体育館に移ったとき、芹が谷園舎に移ったとき、または他の施設に移ったときのそれぞれの場面で、支援員が同じであったこと、隣で生活する利用者が今までと同じ仲間であったことによって、どうにかここまでやってこられたと思っています。法人として、この四年間、芹が谷園舎で踏ん張っていこうという思いの下で、全く同じ職員が支援するということができなくても、かながわ共同会の中の人事異動によって、芹が谷園舎を支えていこうと思っています。デリケートな利用者は、全く違う職員が支援に当たることは望んでいないと思っています。

伊部委員

もう一点、今年一月の厚生労働省の社会保障審議会障害者部会の資料によると、グループホームへの地域生活移行があまり進んでいないという実態を踏まえて、目標値を下げるとの記載があります。各方面で努力しても、グループホームへ移行する方が非常に少ないという状況が資料の数値から読み取れ、高齢化と障害程度が重いことが理由として説明されています。津久井やまゆり園の利用者については、グループホームでの生活を体験している方はいても、移行する方が少ないということには、どのような背景があるとお考えでしょうか。

津久井やまゆり園：入倉園長

一言でグループホームでの生活を希望されている方といっても、ご家族が希望している場合、ご本人が希望している場合、周りの支援員が体験などを勧めている場合があり、いろいろなケースがあると思っています。やはり、ご本人が体験してみて大丈夫であれば、ご家族や後見人の方と話し合ってから移っていくわけですが、津久井やまゆり園の場合、希望者の多くは障害が重たい方となっています。また、とてもデリケートな支援が必要な方がいて、グループホームにおいて非常勤職員の世話人だけでは夜間や休日の支援が難しい状況で、なかなか移行が進まない方もいらっしゃいます。事件の後、もともとグループホームでの生活を体験したいとおっしゃっていた利用者も、少しトーンダウンしている状況です。まずは、現在の暮らしが安定しないと、次のステップが考えられないのが現実ではないかと考えています。

堀江会長

ありがとうございました。委員の方はまだたくさんお聞きしたいことがあるかと思いますが、部会として必要であれば、また機会をつくることも検討したいと思います。

小川委員

本日は、貴重なお話が伺えてとても良かったと思っています。家族会の率直なご意見をお聞きして、利用者それぞれの生活の事情とか、障害の違いがあって、一人ひとり思いは違うということが垣間見えました。それこそが当たり前なのでしょうし、これからも率直に意見を出していただきたいと思います。

これだけ大きな事件でしたから、ご本人もご家族も精神的なダメージを受けられていると思うので、園でサポートはしていらっしゃるとは思いますが、実際に精神的に苦しいことや眠れないことなどもあると思いますので、そういったことのフォローをしていただけたらと思います。

それから職員の方々も、長距離の通勤で疲れているということ以外に、惨状を目の当たりにして心理的に厳しい状況にあると思います。私も、とある施設でのちょっとした事件の場を見たことがありますが、そのときと比較できないくらい、笑顔でがんばっていらっしゃる津久井やまゆり園の職員はどこかで無理をなさっているのかもしれません。職員が元気で働いていてこそ、利用者も笑顔になれると思うので、職員の方を気遣うようなご配慮をお願いしたいと思います。

堀江会長

皆様ありがとうございました。またこのような機会があれば、ご協力をよろしくお願いします。それでは、伺ったお話を踏まえて、また検討の論点に加えることとしまして、議題（2）、（3）に移ります。まず事務局から資料説明をお願いします。

事務局：後藤グループリーダー

〔資料1に基づき、議題（2）「基本構想策定に向けた主な論点」について説明〕
〔参考資料3、参考資料4に基づき、議題（三）「その他」について説明〕

堀江会長
　ご説明いただいた資料について、ご質問はありますか。

安藤委員
　資料1に主な論点をまとめていただいていますが、やはりこれを一つひとつ丁寧に議論していくことが、これから必要であると思いますので、論点はこれで終わりということではなくて、もう少し議論したいと思います。

堀江会長
　資料1は、委員のご発言を踏まえてまとめていただいた論点ですが、実現可能性や本日のご家族と職員からのご意見なども加味しながら、丁寧に形にしなければいけないと思いますので、これからも議論を続けたいと思います。資料1についてご質問があれば、次の機会にお願いします。
　他にご質問、ご意見はございますか。特にないようでしたら、最後に、次回の日程についてです。
　本日、ご家族や職員の方々からご意見をいただきました。ご意見を真摯に受け止め、津久井やまゆり園の再生基本構想の策定に向けては、さらに丁寧に機能や規模の検討や、実現可能性の検証などに取り組む必要がありますし、検証する時間も必要になってくると思います。ですから、私からも提案したいのですが、当初予定していた期間よりもう少し期間をいただいて、部会としての議論を行いたいと考えますが、委員の皆様いかがでしょうか。

〔各委員了承〕

それでは、今後のスケジュールについては、ご意見を踏まえて改めて事務局から詳細をご連絡していただくこととします。

津久井やまゆり園家族会：大月会長

丁寧に議論を行うのはけっこうなのですが、夏までという部分は守っていただきたいと思います。私たちは、いわれのない議論に巻き込まれていると考えていることを忘れないでいただきたいと思います。

津久井やまゆり園：入倉園長

津久井やまゆり園の職員からの意見は、本日に聴いただけではなく、論点の中に文字として、組み込んでいただきたいと思っています。

堀江会長

事務局とも相談してつづっていきたいと思います。

それでは、本日、予定していた議題は以上ですので、これで議事を終了し、進行を事務局に戻します。

どうも、ありがとうございました。

事務局：柏崎共生社会推進課長

閉会のあいさつ

〈資料〉『福祉新聞』　津久井やまゆり園「早く元に戻して」

神奈川県障害者施策審議会専門部会　地元住民に意見聴取

神奈川県立の障害者支援施設「津久井やまゆり園」（相模原市）で昨年7月に発生した殺傷事件に関連し、県の障害者施策審議会の専門部会（部会長＝堀江まゆみ・白梅学園大教授）は5月29日、同園の建て替えをめぐり地元住民2人から意見聴取した。

長谷川兌《とおる》・千木良《ちぎら》地区連合自治会長（69）は「早く建物を戻してほしい。これが一番の願いだ」と発言。町民運動会に同園入所者が参加したエピソードなどを披露し「こういう関係は一朝一夕にはできない」とした。

「1964年の開設当初、同園職員のほとんどが地元住民だった。私の父も職員になった」と話したのは同自治会役員の石井光也《みつや》さん（63）。同園の花火大会に自身が参加した思い出を語った。

5月17日の専門部会で同園職員、入所者家族が地元で事件前と同じ規模での再建を望んだのに続き、地元住民も元に戻すよう求めることで一致した形だ。

意見聴取後は「県立施設としての同園にどのような機能を持たせるべきか」といった議論に入り、短期入所や在宅障害者の支援が主な論点となった。

事件当時入所していた知的障害者は、現在、「津久井やまゆり園芹が谷園舎」（横浜市）や県内の他施設で暮らしている。

専門部会は6月末をめどに同園の再生の在り方などを県に提言し、それを受けて県は再生基本構想を固める。次回の専門部会は6月14日に開かれる。

2017年6月5日（福田敏克）

第3章　重度知的障害者の生きる場さがしの人間模様

5・27津久井やまゆり園事件を考える相模原集会

【講演1】息子の自立生活を実現して

岡部　耕典

ただいまご紹介に預かりました岡部です。今日は西さんからの依頼で、息子の自立生活についてお話をさせていただきます。

この事件が起きた直後から現在に至るまで、いくどか新聞やテレビの取材を受け、また何か書いてほしいと言われて書いてきましたが、いつも心がざわざわしました。今回も、僕が言ったことや息子の自立生活のことが、どんな風に受け止められ、使われるのかなあと思うと、やはりざわざわします。この会場でお話するのも落ち着きません。性別と年齢だけ書いた紙で作った位牌のようなものが並んでいますが、こういうものを作ってしまっていいのかな、とも思います。亡くなった方々の家族はどう感じるのでしょうか。「名前のない存在」という意味なのかもしれませんが、正直なところ違和感があります。今そんな気持ちですので、少し機嫌が悪そうにみえるかもしれませんが、お許しください。

資料集に朝日新聞記事の記事が入っています。左上写真の真ん中に写っているのが息子・亮佑（りょうすけ）です。その左が連れ合い、右側にいるのが、後でみていただく映像にも出てきますが、亮佑を担当している介護コーディネーターです。

のちほど、重度訪問介護という制度を使って夜間を含む長時間の見守り支援を受けながら通所施設を通い、自分のアパートで自立生活を送っている亮佑と介護者の映像をお見せします。本来は二〇分のものなのですが、全体の時間が限られていますので、一〇分バージョンを使います。そのまえに、少し背景を解説しておきたいと思います。

息子・亮佑は、一九九三年生まれ、現在二四歳です。東京の療育手帳では二度、こちら（神奈川）でいえばＡ２相当、重複障害を除けば最重度の知的障害者で、障害支援区分も一番上の６です。字は読めず、発話も単語程度です。強い行動障害があり、行動援護対象者の認定も受けています。つまり、自閉症で、知的障害も重い、行動障害も重い最重度の知的障害者であり、かって入所施設でも厄介者とされたいわゆる「動く重症児」です。

親元から離れたのは特別支援学校高等部を卒業した二〇一一年の七月でした。東日本大震災のあった四か月後です。もともと三鷹に住んでいたのですが、市内のアパートを本人名義で借りて支援付きの自立生活を始めました。そのとき初めてヘルパーを使い始めたのではありません。在宅で親と一緒に暮らしているときも、二〇〇二年から東久留米のグッドライフと西東京市の自立生活企画というふたつの自立生活センターから、毎日ヘルパー派遣を受けていました。特別支援学校にヘルパーが迎えに行って夜の七時くらいまで一緒にいるという生活、日によってはヘルパーと一緒に外食をしてから帰ってくることもありました。日曜日は私たちと一緒に過ごしますが、土曜日は基本的に終日ヘルパーがついていました。二〇〇三年に支援費制度が始まったときは一日二、三時間、移動支援介護でしたが、だんだん増やしていって自立の直前には一五〇時間ぐらいは入ってもらっていたと思います。自立して時間数もヘルパーの数も増えましたが、在宅のときに担当していた人たちは今も亮佑の介護の中心メンバーとなり、曜日ごとに担当しています。通所が休みの土日は昼夜で二人ずつです。毎年一名ぐらい交代していますが、そんな感じの緩やかなローテーションです。

このあたりに関心のある方もいらっしゃると思いますので、支給決定についても少し詳しくお話しておきます。自立生活を始めた二〇一一年当時はまだ重度訪問介護が対象拡大される前でしたので、居宅介護の制度をいろいろ組み合わせて支給決定を受けて使っていました。行動援護一二七時間、身体介護九三時間、家事援助一三四時間、合計三五四時間が支給決定を受けた一月の介護時間数でした。これで通所に行っている時間以外は夜間も含めてすべて介護がついていましたので、もちろんこれでは全然たりません。どうしたかというと、行動援護、身体介護といった比較的単価の高い介護が入っていたので、それを、業界用語でいえば「のばして使う」というかたちでヘルパーの給料を出していました。

二〇一四年四月に重度訪問介護の対象者が拡大され、強い行動障害のある重度の知的障害者と精神障害者にも使えるようになりましたので、五月から重度訪問介護に切り替えました。支給決定を受けたのは一月五三一時間で、うち移動介護が八一時間です。通所している時間を除いてもこれでも二四時間ではありません。夜間のうち二時間相当は敢えて支給申請から外しました。あとで映像でも出てきますが、もちろんその二時間もヘルパーは添い寝しています。自閉症の人は睡眠障害が多く、亮佑の場合は夜間の見守りは必須です。

二〇一一年に最初にヘルパーを使い始めたころのこともお話しておきます。自立生活センターは前から知っていましたが、改めて息子の介護のお願いに行きました。そこで言われたことは「うちは自立生活センターだから、親のレスパイトのためにはやらないよ」ということです。自立生活センターですから当然ですよね。私は「親のレスパイトのためではない。将来的に、息子を自立させたい。そのために今から支援をつけたいからお願いしている」と伝えました。それならいい、ということで始まりました。

在宅にしては時間数が多い、と市役所も最初はいい顔をしませんでした。そのときも、言い続けたのは、今だけのためではなく将来の支援付きの自立生活につなげるためだ、ということです。だから、二〇一一年に自立する前に、市のケースワーカーに電話して「今度から息子が自立しますよ」と伝えたら、一瞬絶句しました。支給決定を増やす交渉だとすぐわかったからだと思います（笑）。でも、そのあとすぐに、「仕方ないですね、岡部さんのところは」といわれました。それから現在に至るまで、市は終始好意的、前向きに対応してくれています。ずっと前から将来支援を付けて自立生活させる、と言い続けてきてよかったと思います。

さきほども言いましたが、自立したとき、それまで在宅で入っていたヘルパーの人たちも一緒でした。よく自閉症の人は環境の変化に弱いと言われますよね。卒業と通所、引っ越し、親もいなくなるというライフイベントいろいろあって、それだけの環境の変化があったら大変なことになるのではないかと、自立前には周りの人から心配されました。でも、大丈夫でした。少しは亮佑本人の性格もあるかもしれませんが、スムーズに自立できたのは、自立して住み慣れた家と親元を離れても昔からついていたヘルパーという人的環境は変わらなかったということが大きいと思います。そのあと、年に一人くらいずつ緩やかに入れ替わっているのもよいのではないかと。ずっと一緒に同じ人が担当してその人と一緒に歳をとっていったら、親と暮らすのと一緒ですよね。今のコーディネーターの中田さんだって、亮佑より年上です。先に歳をとる。そういう意味でも緩やかに、しかし継続性をもって彼の生活の支援者がローテーションしていくことは好ましいことだと思います。

それでは少し映像を見てもらいます。本日来ていただいている宍戸大裕監督、（「風は生きよという」という作品を撮った人です）に作っていただいた映像です。

――一〇分間　上映――

いかがでしたでしょうか。もともと、なぜこんな映像をつくったかというと、講演とかでいくら息子の自立生活のことをお話しても、そんな重度知的障害の人が自立生活を送るなんて考えられない、とよく言われたからです。それも親が一番信じないですよね。あるときなど、「どこの宇宙の話？」

と言われました。「どこの世界の話」じゃないんですよ。「宇宙が違う」と。あと、きっと本当は軽度なんだろう、うちの息子は重度だし、大変だから、とか。だから、話聞くだけじゃなくて、実際に見ないと信じられないだろう、ということでつくりました。

ご覧になっていかがでしょうか。重度の知的障害者は意思能力がないから身体障害の人たちと違って主体的にヘルパーを使いこなすことなどできないなどという人もいますが、それは都市伝説だということがわかると思います。もちろん、重度の障害のある人は常時の支援、見守りは必要です。当たり前ですよね。また地域で暮らす以上、地域との調整役、お金の支払いなどの調整は必要です。ですが、そのような常時の支援があれば地域で自立して暮らせるし、介護者を使いこなすことができる。息子は特別じゃないと思います。そして、強い行動障害をもつ重度の知的障害者にはなかなかグループホームでは生活できない人も多く、現在でも多くの入所施設にはそのような人たちが地域移行から取り残されている。津久井やまゆり園にもそういう利用者の人たちは多くいらっしゃるのではないかと。

今回のこの集会は、この後の施設の建て替えについて考えるために開かれているわけですよね。建て替えということで思い起こすのが、一〇年ほど前に見学に行った長野県の西駒郷です。ここは地域移行の成功例・モデルケースとして語られることが多い施設です。グループホームを受け皿として一〇年間地域移行を進め、四〇〇人以上いた入所者を五年で半減させたんですね。すごい、と思って、ちょうどそのころに見学に行きました。ところが行ってみると、新しい建物が建設中だったんです。施設を解体してしまうのに、なぜ新しい建物を建てているのか、と尋ねると、新しい入所棟を建てているところだ、と。そうすると、実は、入所者は一〇年後もゼロにはならないんだ、一〇〇人程度の人が残るので、そのための施設を建てているところだ、とそういう説明があったのです。どういう人たちが残るかというと、その多くが、重度の知的障害があって行動障害が激しくて、グループホームも体験してみたが、やはりそこでは難しくて、地域に出ていけない人たちだと。つまり、うちの亮佑と同じタイプの人たちということです。ああ、重度対応のグループホームでの生活体験を経ても、やっぱり地域に出ていかれない人はいるんだ、と思いました。やっぱり残されちゃう人はいるんだなあ、強度行動障害がある重度の知的障害の人たちは地域移行から取り残されてしまうのか、と暗くなったことを今でも覚えています。

今回の津久井やまゆり園の事件で亡くなられた方やそのほかの入所されている方の障害の重さや状態について、私はほとんど知りません。ただし、今では「改装中」と表示されて閲覧できないやまゆり園のホームページを事件直後に閲覧して知り得たことは、やまゆり園はもともと西駒郷と同じように、かつてコロニーと呼ばれた県立施設のひとつであり、その傘下に地域移行の受け皿となる多くのグループホームを抱え、強度行動障害支援を事業の柱の一つにしていた、ということでした。かつての西駒郷とよく似ています。そうであれば、現在残っている入所者の人たちや、殺されてしまった方たちの中には、息子に似た強度行動障害をもつ重度の知的障害／自閉症の人たちがかなりいるのではないか。グループホームを受け皿とした地域移行が困難な常時介護を要する人たちが含まれているのではないか、と思っています。

それにもかかわらず、今回地域で暮らすと言われていることが、すなわちグループホームでの生活とされているという暗黙の大前提があることに対して、なにかいたたまれない気持ちになります。もし亮佑がやまゆり園にいて、これから地域移行せよ、グループホームで暮らせ、といわれたら、私は「それは無理です」と言うと思います。現在の入所者の家族のみなさんはどうなのでしょうか。逆に、「施設から出られない」「地域では暮らせない」という親御さんたちが、亮佑がしているような重度訪問介護を使って長時間の見守り介護を付けて暮らすという選択肢を知っているのかなぁ、とも思います。まず知らないことは親も本人も選択も決定もしようがないですよね。

とはいえ、津久井やまゆり園の建て替えにはやはり問題があると思います。今回の事件を契機として作られた「ともに生きる社会かながわ憲章」には、「この悲しみを力に、ともに生きる社会を実現します」と謳われています。「ともに生きる社会」を実現することがふたたび施設を作ることだ、というのは、どう考えても無理があります。親の言葉として新聞に載った「テロに屈しない」ために施設を建て替えるべき、というのもやはり違うのではないでしょうか。今回の事件に抗するために施設という形を求める、再建するのではなくて、一人ひとりのいのちを守り、生活を再建することを願い求めるのが偽らざるひとりひとりの親の気持ちなのではないでしょうか。

とはいえ、イソップの寓話に例えるならば、いくら北風を吹かせても旅人はマントを脱がないのではないか、とも思います。必要なのは南風ではないでしょうか。地域で暮らすべきだ、施設を立て替えるべきじゃない、と言っている人たちにも、もう少しそのあたりを考えてほしいのです。どうしたら、現在の入所者の家族のみなさんに南風を届けることができるのか、を。ただ施設建て替え反対、だけでは駄目だと思うのです。自分がどう手を出す、差し伸べることをしないと、旅人はマントを脱がないのではないかと。そのときの選択肢も重要です。もちろんグループホームを否定しているわけではないし、重度訪問介護でもだめだという人もいると思います。なにかひとつに限るのではなくて、可能な限り選択肢を用意しましょう、と、そして、あなたの家族は私たちが引き受けましょう、良かったら私たちと一緒に暮らしませんか、と、そういう二人称の呼びかけが必要だと思うのです。

そしてその呼びかけにはリアリティがある地域生活の受け皿の選択肢が必要だと思います。重度訪問介護が必要な人たちには、自立生活センターとかも手を挙げても、よいのではないでしょうか。せっかく二〇一四年から重度訪問介護が対象拡大されたのですから。いろいろな方向から暖かい南風が吹かないと、親の心は動かないと思うのです。動かないところに北風を吹かせてもますますマントは固く閉じられてしまう。この集会を企画し、やまゆり園の人たちに施設ではなく地域で生きていってほしいと願う人たちは、ぜひ手を差し伸べていただきたい、自分自身の手を出してほしいなと思ってしまうのです。

最後に少し宣伝をさせてください。今回お観せした映像は私が個人的に依頼して作って貰ったものですが、それとは別に、多摩でヘルパーを付けて自立して暮らす人たちの生活のドキュメンタリー映画の撮影が同じ宍戸監督によって進行中で、来年四月ぐらいに完成する予定です。そうしたら全国で上映会をしたいな、と思っています。身体障害者の人たちの自立生活のように、重度の知的障害者も支援を付けて地域で暮らせる、その実際の姿を観せて、そのリアリティを親や地域のひとたちに感じてもらう、それもひとつの南風ではないか、と思ってやっています。よかったら応援をお願いします。

これでひとまず私の話を終わります。どうもありがとうございました。

【講演2】

津久井やまゆり園を一旦再建してから

尾野　剛志

皆さんこんにちは。昨年の相模原事件で、息子は当事者で四四日入院しました重症の（子どもの）親で尾野と申します。多分僕の顔は、事件の当初から新聞やテレビに出ているので知っている方も何人もいますでしょうし、今日も津久井やまゆり園のご家族の方もいらしていただいています。またご紹介いたしますが、神奈川県の検証委員会の委員長をされた石渡先生もおみえになっているので少しでも聞いていただければと思っています。

事件の後、あそこに施設をつくるか、つくらないかということで話していますが、私たち家族はみんなあそこ（津久井やまゆり園）に戻りたいので県にお願いいたしました。九月に知事が「わかりました。元に戻りましょう。」ということで、それは皆さんにとって大規模施設になるかもしれませんが、一三五名、やまゆりの周りのグループホームもあるのでそこの方たちを除いて、うちの息子を含めて事件前に入所していた一三五名を、四年後には一度戻してというお話をしました。

そこで皆さんから逆に、六〇億、八〇億かけて無駄なことをする必要はないんだ、あんな大きな施設はいらないんだ、グループホームを作る方が幸せなんだ、というご意見をたくさんいただいて、県にも提言されました。県は見直しをすることになり、審議会を開いて六月末に決定をし、それを踏まえて県が精査を、八月末最終的に県が津久井やまゆり園をどうするのか、建て替えるのか縮小するのか、元のままにするのか決定します。正直僕らもそれまで不安で不安でしょうがないんですよ。

五月一七日の審議会に家族、職員が初めて呼ばれました、委員長は大学の教授の堀江先生、八名の委員がいますが、七回目にして初めて、家族の意見を聞きたいと呼ばれました。六回まで何をしていたんでしょうか。本来見直しをする、建て替えをするということで指示をしたはずなのに。六回は一度もわれわれ家族を呼ばないで意思決定支援のみを審議していたそうです。これ、毎回取材してきた記者の方が教えてくれたことで、これは本当にがっかりしまして一七日僕は行って吠えさせてもらいましたが、その時の新聞記事を持ってきています。この日の議事録も堀さんにお渡ししました。今は芹が谷の園舎に一一四人いっていますが、(やまゆりの) ほとんどの人が重度知的障害者でＡ１で、岡部さんの息子さんのように支援員の人と話を理解し、買い物したり、散歩ができたり落ち着いて座っていたりという人は一人もいません。ちょっと目を離した隙にどこかへ行ってしまいます。いろんなことをしてしまいます。一人ひとりそばについていなければならない人達なんですよ。そういう人たちに僕は皆さんに津久井やまゆり園に来て、利用者さんを見てください、職員の人たちと話をしてください、家族の人と話をしてください。津久井やまゆり園には四年間で意思確認できる子はいるんだろうかと思います。

うちの息子には一週間に一度お弁当をつくって訪ねていきますが、言葉は片言出るが、最近「おとうさん、おかあさん」とか言えるようになりましたが、毎回言うことが違うんですよ。「一矢、おうち帰る?」と聞くと「やめとく　やめとく」

「お姉ちゃんが来たいと言っているけどいい？」と聞くと「やめとく」の返事をするが、次また行くと「おねえちゃんくる？　おとうさん来週すいようびくる？」と聞くんですよ。

本当に毎回変わるんですよ。うちは家族としては頻繁に会いに行っている方だけど、三〇年四〇年たった息子をみていて、たった四年間で第三者の人たちが、職員も含めてですが、本当に意思の確認決定できるのだろうか、皆さんに考えていただきたいと思ってます。

そういう確認ができないのに、意思決定してグループホームに出た方がいいんだ、地域で暮らす方がしあわせなんだとみなさん言いますが、本当にそれで幸せなんだろうか、疑問に思います。本当に意思の確認がどの程度できるのか、四年か五年かかるんだろうけれど。意思確認が悪いとか、グループホームが悪いとか、地域移行が悪いとか一言も言っていません。むしろ必要だと思っています。審議会でも、家族会は地域移行が悪いとか、グループホームが悪いとか言っているわけではないんですよ。

平成一五年に支援費制度ができて、大きな長野県、新潟県、宮城県などの四〇〇人五〇〇人のコロニー的施設は解体しましたが、グループホームはできたでしょうか。一〇〇人とか一五〇人の施設に分散しただけですよ。それで地域移行したことになるんですか?自立支援法ができて一四年たったが、国は地域移行推進で入所施設の人を一二パーセント削減しましたが、果たしてできたでしょうか？　削減しても待機者が多すぎるんです。相模原市でもやまゆり待機者は五〇人以上います。多くは最重度の人たちばっかりです。グループホームは支援が少ない、グループホームでは暮らせない、うんと重度の人たちがどうしても残ってしまう、だから、津久井やまゆり園のような大きな施設が、県立としては津久井やまゆり園、秦野精華園、三浦しらとり園、中井やまゆり園、愛名やまゆり園五つあるが、半官半民は三つです。地域で暮らす方が幸せなんだと言っても、できないんです。

やまゆり入所の皆さん高齢です、平均年齢五〇歳、最高六八歳、母親は八〇、九〇歳ですよ。そういう人たちにグループホームへ行ってください、と言うが、ちゃんとまわりに受け皿があって受け入れるグループホームいくつもあって、こちらはどうか、こんな支援を行っている、息子さん、娘さん大丈夫ですよ、と言ってくれるホームがあれば、体験入所しますよ。でも実際には正直いって、ないでしょ。ないというより、逆にこれは行政の仕事ですよ。なぜ津久井やまゆり園の事件と行政を一緒にして無理やり押し付けてしまうのか納得いかない。だから、津久井やまゆり園は、とにかく一三五人頑張って、園も職員も本当に今一生懸命支援してくれています。四年間我慢して、あそこ津久井に戻りたいんですよ。

なんであんな凄惨な事件があった津久井に戻りたいか、思い出したりするんじゃないかと言われますが、あの建物をあのままにはできない。（事件当時）全職員は一日中血だらけの中を走り回って夜中までかかって対応していました。そのままではできない、建て替えは必要です。千木良は僕らのうちなんですよ。地域なんですよ。昭和三九年の二月に県立施設があそこにできたんですよ。それから（地元のひとは）家族も含めて、千木良にずーっといて、やまゆり園を理解していただいて、開けた形で、津久井やまゆり園はあるんですね。この間も家族会でビデオを流しましたが、収容施設と言われますが　津久井やまゆり園を知らない人、地域を知らない人たちがそういうことを言っているんです。ぜひ津久井やまゆり園に来てください、見てください。千木良の説明会では、地区の皆さんはみんなあそこに戻ってほしいと言っている、千木良でやまゆり園は本当にひらかれている。一〇から二〇のユニット制で、バス旅行にも行きますし、ホームごとに車も一台ずつあって、ドライブに行ったり、買い物に行ったり、岡部先生の息子さんと同じことをやまゆりのなかでやっているんですよ。年に二、三回の地域行事で千木良の人を入れて開かれた施設でやっています。本当に開かれた施設としてやっているんです。

なぜそれを壊さなければいけないのか、一三五人のたちは一度帰って、そのあと半年とか一年たってから、地域移行とか、意思確認とか、グループホームへ移行とかしたらいいと思います。中には地域に行きたいという人もいます。それは一向にかまわないし、それから話したらいいんです。そういうことが話せる家族会としても受けとめたいと思っています。

事件後、神奈川共同会はバリアを張って、取材拒否とか、外部の人を受け入れないとか、いっさい話をしないんです。昨日も園長と話をさせてもらいましたが、今僕のところにNHKの人たちがよく来ています。一周忌に向けてドキュメンタリーを作っているが、メディアに向けて話しているのは僕しかいません。家族の人は皆さんガードが堅い。偏見とか差別を感じてしゃべらない人が多いんです。家族に障害者がいると周りから言われることを嫌がります。

平成一一年までは精神薄弱という言葉でした。知的障害も精薄も一緒なんでしょうけど、精神薄弱という言葉はとても重たい言葉で、みじめになるんですね。本当は白い目で見ていないんでしょうけれど、そういう風に思っちゃうんですね、今回の（被害者の）匿名のことなどで、顔を見せない口を閉ざしているのは事実。僕は、子どもが小さいときから外につれていきましたが、本当はそうでないのかもしれないけれど、普通に接してくれればいいのに、そばに来ると嫌な顔を見せられたりして親としてはとてもつらい。日本の風土とか含めて、本当に知的障害の家族は心が痛いんです。特に遺族の方は弁護士を雇って受け付けませんし、記者の人がくるとしゃべらずに顔をそむけてしまう。

何も悪いことをしているわけではない、被害者の息子さん娘さん皆さんが痛い思いをして家族の方も病院を駆け回って本当に心配したんですよ。今も、これから四年間どうなるかもわからず心配だし、そういうことを話していいんじゃないかと思っています。こういう家族がいたことを知ってもらえれば、少しは理解してもらえるんではないか、と思っています。

私はそんな思いで皆さんの前でお話ししています。

それからグループホームイコール地域移行なのかということですが、グループホームを先に作ってもらって経験をして、本人も家族も職員も納得して良ければグループホームに移ったらいいと思います、というのが行政の本来の在り方と思っています。一三五人の施設も一つの開かれた地域ですよ。それをみなさん認めてください。家族みんなが望んでいます。一度あそこに返してください。県は四分の一、相模原市四分の一、国は半分出すと思います。われわれ家族に一度返してください。ぜひお願いします。それから落ち着いて、地域移行やグループホームのことをゆっくり考えていったらいいと思っています。

僕の考える理想の施設とはなにかですが、僕はやまゆり園は家だとおもっています。職員もよくしてくれ、一矢の家、息子の家、僕の別荘かな、そこまではいかないにしても家族みんなそう思っています。あそこにいると、職員も兄弟姉妹のように接してくれる、本当に穏やかにみんな暮らしています。それをなぜ壊してばらばらにしてしまうのか。無理やり子どもにつらい思いをさせなければいけないのか、と思っています、それには順序があるんです。一度津久井やまゆり園に戻ってそれからグループホームに行きたい人は行ったらいいと思います。それが本来の在り方と思います。いかがでしょうか。

僕は平成一〇年から一七年間家族会会長をやっていました。八つのホームがあってマスターキーも預かり、月何回もやまゆり園にいきました。抜き打ちでホームに入ると、寝そべってたばこを吸っているだらしない職員も何人かいました。園長に名指しで首にしろと言いましたが、「首には出来ないですよ」といわれました。今の神奈川共同会の職員は素晴らしい。職員の年齢は若いし、研修もしっかりやっています。親兄弟姉妹のように接してくれるそんな施設を、解体しろと言われるのはどうしても反発してしまいます。本当に僕ら家族は余計なこと、何も考えているわけではないんです。四年後に一三五人をあそこ(やまゆり)に一度返してもらって、ということです。それから皆さんと協力していろいろやっていきましょう。

ちょうど時間ぴったりで、終わります。

!!現在、尾野さんは息子一矢さんを自立生活させる、と宣言しています!!

【全体討論】

佐瀬 県央福祉会の理事長をしております佐瀬と申します。私のところにはグループホーム三八か所あります。利用者さんは三七五名います。結論的なことからいうと、もう、やるか、やらないかの問題だから、県央福祉会は相模原に受け皿を作りますよ。それでやるしかないと言わないとことは進まない、そういうことを宣言したいなあ、と思っています。

グループホームがすべてだとは、わたしは思っていませんけれど、ちょっと流れ的なことから言うと、一九五〇年代に北欧ではとうに入所施設ではだめだと叫ばれて、ノーマライゼーションが発達して入所施設はなくなっています。ヨーロッパもアメリカも。その世界に逆行することをやっていいんですか、ということをだれも言わなかったらおかしいし、これが日本の文化なのかな、と思うと私はとても違和感を感じています。もう一つ別のことを言うと、ハンヤン氏病のことがありますが、ハンセン氏病の人、社会から隔離するために療養所をつくったわけじゃありませんか。同じことをまだやるんですか、ということを言いたいです。

最後に、私は実は当事者の片割れでもあるんですね。津久井やまゆり園の受け皿として厚木精華園をつくるときに私はそれを手伝いました。初代の園長が言いました。でも結局入所施設って、職員たちを悪く言うつもりはありませんが、仕組みとか環境とかを考えたら、そうなってしまうんだということと、先ほど尾野さんがいろいろおっしゃってましたが、私から言わせれば美辞麗句ですよ。確かに彼らたちが勉強してるかというと、そんなことしていません。でも職員たちは毎日毎日こまネズミのようにクルクル回って、支援をしているんですよ。でも本当ならば、利用者さんに話を聞き、向き合い、どういうふうな支援をしたらいいんだろうかを考えるべきなんだろうけど、やる暇がない。それが現状ですよ。どこにそんなに美化することができるんだろうか、できるわけがないとわかっています。

それからもうひとつ、津久井やまゆり園の建て替えは平成八年に終わって移っているんですけれど、その前の施設を私は見たことがあります。そこで一番ショックだったのは、廊下から丸見えのトイレでした。女性も個室じゃないんですよ。なんでこんなことが天下の福祉県・神奈川にあるんですかと、私は思いました。私は当然、おかしいと言いました。それは最初から、そのように造ったわけではないけれど、重度の人に支援するためには、最初からそのように造ったわけではないだろうけれど、見えるところでないと危険性があるからと、多分後から扉を取っ払ったんだろうと思いました。それから昭和三九年に津久井やまゆり園はできているんですけど、お風呂は一か所しかなかったんですよ。一〇〇人くらい入るお風呂で、月曜日は男性、火曜日は女性、そして水曜日は男性と交互に入っていた時代があったんですよ。それが施設の現状ですよ。多少は変わってきているところがあるにしても、同じことがあるんだと考えたら、どうして入所施設を肯定することができるんですか。グルーホームが万全とは思ってはいませんが、私は県の方にも提言してます。ちょっとお見せしますが、地域生活ビジターセンターをつくりましょう、と。グループホームは少人数で一人勤務になっちゃうから、支援する仕組みを作ろうという話をしています。誰も乗ってきません。でもそうしなかったら、地域移行は進まないと思います。

池田（旧姓）

旧姓池田と申します。今は文京区に住んでいてパートナーと子どもが二人います。相模原に一二年住んでいました。県央福祉会などが中心で作ったオンブズマンの当事者メンバーとして相模原では岡部さんと障害者支援計画を作ってきました。

僕はADHDと脳性マヒの当事者です。東京に住んでいた時に金井康治さんのことがあって、インクルーシブ教育とかもかかわりがあるんですが、学校卒業した後に重度の知的と自閉の人たちのお母さんたちが「でてこいサークル」というのをつくって、僕も養護学校高等部に寄宿舎に入っていたので、いとこにも重度の知的障害の人がいるので、小さい頃からかかわりがずーっとあります。このサークルでは言葉ではコミュニケーションをとれない人たちがいますが、僕は当事者として支援をうけました。

確かに家族の人たちは小さい頃からまわりから、障害のある子を産むななどいろいろ言われて優性思想のなかで生きてきました。明石徹之さんのお母さんは公務員になれるよう活動したり、私の母も障害を持っていても地域に出られるように一生懸命やってきました。

オンブズマン活動で津久井やまゆり園には一回しか行ったことはないんですが、献花では何回か行ってます。また、他の入所施設にも通わせてもらいました。そのなかでやはり意思決定できない人がいっぱいいます。宿泊介助と放課後の活動の中で、みなさん家族というということを聞かないと何をされるかわからない、虐待があるかもわからない、ということを見ていて、知的、身体、精神の方もですが当事者の皆さんは、言葉がなくても相手がどういう人かをよくわかっていて、自分から手を出すことはほとんどなくて、怖ければ近づいていきません。関係性をゆっくりつくりながら、自分がどうしたいか、ラインとかシンボルマークを使って表現します。身体の方は筋緊張がでたり、涙がでたり、聴覚過敏で耳を塞いだり、いろいろ体から表現されてます。そういったことを家族はどこまでみているんだろうか、僕にとっては課題だと思っています。

あと、家族の中で優性思想が法律が変わっても生きてます。県の検討会に一回目を除いて全部出ているが、ご家族の思いはわかります。苦しめられたことはよくわかります。僕もこの間、NHKの「きらっと生きる」にでたとき、相当やられた、障害のある夫婦が子供を産む、自分のこともできないのに介助者入れて、とたたかれました。家族がこの子を守りたいと思う気持ちはよくわかります。でも障害が重いからこそ何もできない、と思っていることも、そう思いたいのもよくわかります。その子に対してどのようにアプローチしたらよいか、難しく考えていることもわかります。神奈川で活動し、サンフラワーとか、当事者がいろんな言葉で話したり一緒に行っていろんな活動をして、その中で何をしたいかわかってくるんですね。

今サンフラワーという活動で、自分で活動する障害者がいっぱいいて、いろいろ話したり。遊びに行ったりしています。オンブズマンで活動する中でみんなが何をしたいのか聞いたりしてきました。やはり地域の中で生きていきたいと思うし、障害を持っている人がそこにいるだけで存在感があり、地域のグループホームの人たちと知り合ったり、本人の望む方向を見つけたいと思います。神奈川県を見ていても家族の話を聞いてないように思うし、四月に部署も変わって丁寧に説明されていないように疑問に思いました。東京でもやっていますが相談支援専門員と知り合いになったりして、どういう風に生きていったらよいのか、時間をかけながらやっていけたらいいと思います。

西　ありがとうございました。今の話の中で意思決定できない人はいないわけで、誰もが意思はあります。伝えらえるかどうか、受け止められるかどうか、当事者の問題ではなく捉え方の問題でもあると思います。

池田　介助派遣とかやっているとご家族はいなくても、本人たちはいろいろ指示を出してきます。言葉でなくても、動きとか手ぶりとかで伝えます。意思の出し方はいろいろあって、いやなことがあると、筋緊張あるとか、突っ張るとか、涙が出るとか自分の殻に閉じこもるとか、自傷とか、多くの行動は、意思の積み重ねと思えたらよいです。

匿名（やまゆり園）　やまゆりからきました。匿名を希望します。初めて参加して勉強になりました。岡部先生のお子さんと。尾野さんのお子さんの話を伺い、やはり、最重度知的障害者とは何かという問題を先ず、一点目の論点とすべきことと思います。それは、この世の中で最も弱い立場にある人たちだということです。食事、排泄、入浴、着替えができない人、寝たきり老人ではないが、二つのケースを伺っても、それぞれ違いがあります。

うちの子どもを見ていると、元気いっぱいに走りまわり、どんな危険な場所も裸で入り込む、他の家に入り込んでものをひっくり返したり、コンビニに入って、ほしいものがあればお金を払わずとってきて警察に通報されたことも何度もあります。こういった問題と、医療的なこととしててんかん発作があり、転倒して大けがをすることもあります。

二点目は、彼等の受け皿をどこに求めるのか、岡部さんの場合はアパートで、尾野さんの場合はやまゆりで暮らすかどうか考えているということで、これも一つの選択、ただ親の選択であることは聞いていてわかるわけです。彼らが安全で快適な生活を送るためにはどうしたらよいか、最重度の子の場合彼らの行動を激昂しないで突発的なことにも動じない職員が必要。これはグループホームはまだ受け皿としては万全ではないという、今後の課題で重要であります。元気いっぱいの彼らを家族が受け入れられるかというとそれも難しい。老人のグループホームに似ているが、やはり違う。グループホームで彼らが自立できるか、当面の問題として出てくる。最重度の彼らの指導にはプロの人材が必要で共通の問題。医療の体制も付随して出てくる。

三点目としては、お金の問題をどう考えるか。現在は支援費制度と障害基礎年金があり、重度知的障害者はどうしてもお金を使わない生活をしてるので余禄はたくさんある。ところが、国や自治体は、入所施設を解体する方向で地域に負担を押し付けている。在宅医療や地域移行は、今後家族や本人の高齢化という問題がある。最終的にどこに求めるかというと、やまゆり園は利用者や家族の高齢化もあり、入所施設の存在意義はあると思う。三点をまとめると、地域移行は長期的な視野をもってやった方がいいと思う。性急にやるといろいろ問題が出てくるだろう。利用者家族の高齢化が進めば入所施設も必要となる、重度障害者の支援の人材育成も必要。決まりきった結論になってしまうが、財政面、地域に押し付ける問題は検討、整理する必要があると思います。以上のことを論点として据えたいと考えます。

伊藤

東京の日野市から来ました伊藤と申します。NPO法人やまぼうしというところでグループホームを運営し、重度の障害者の暮らす場、働く場、街づくりをやってます。この仕事について五二年になります。かつて入所施設で三〇年間、施設をよりよくすることに全力あげてやってきたけれど、改革の限界を感じた。地域に出て地域の暮らしを作ろうと思ったが、そんな地域はなかったんですね。当時一九九〇年代、アパートを探しても、二〇年、三〇年も施設にいた人に貸せないとほとんど断られ、ハローワークに行っても介護を要する人を受け入れる職場もなく、仕事はなく、暮らしの場も、働く場もほとんどない。そんな中で当事者と街に出て、一緒に街を変えるしかない。施設を変えるエネルギーを、街を変える、街を耕すエネルギーに転換し、いろいろ模索してきました。その間いろんな困難もありました。

今日の集まりで一番感じたのは、入所施設当事者は残念ながらいらっしゃるかどうかわかりませんが、人生を共にしてきたご家族、施設の職員、グループホームの支援の方、グループホームの限界を超えて個別の生活づくりを支援している方、行政の方とか、これだけいろいろな立場の人が、本音がだされているかどうか別として、フラットな立場で、答えが先にあってその方向に行くことではなくて、問を共有しようという、一緒に答えを見つけ出そうと自問自答することは、私の五二年間初めてなのではないかとうれしく思います。答えは一つではないと思います。一人ひとりのニーズも違うし、支援の仕方も違うし、万能な答えはなくて、多様にいろいろアプローチし、それぞれ模索していくしかないだろうと思ってます。

私は東京都のグループホーム勉強会副会長を一五年やっています。平成二七年度運営状況調査の統計でいうと、知的障害者は三〇五〇人。うち区分4は五四三人、5の方は三一三人、6の方は二二六人と三〇％以上の人が暮らしています。この数を多いとみるか、少ないとみるか、圧倒的に少ないですね。かつてグループホームの利用は就労要件しかなかったわけですから、その時代から考えるとわずかですが着実に前進していると思います。圧倒的に多くの方が、区分6の人でも入所施設二つ分くらいは、地域で暮らしているわけです。それでも、圧倒的多くの重度の方は入所施設などに取り残されている残念な状況でもあります。

NPOやまぼうしでは二八人が5ユニットで生活しています。区分6が六人、5が四人、4が九人で、二八人中一九人は重度の方。6の方は言語的コミュニケーションはとれません。全介助ですが、一五年間地域でちゃんと暮らしています。入所施設の時と全く違う暮らしぶりをやっています。施設を出たときは四〇、五〇歳だったので、今は七〇歳を超える方がどんどん増えています。問題は加齢に伴って重度化もするし、医療的ケアも必要になって、はたしてこのまま地域での生活を支えられるか最大の課題になっています。だけどなんとかここまで来たんですから、最後まで入所施設に戻らないで地域で大往生できる、そういうターミナルケアを見据えた支援を一緒にやっていきたい、そういう暮らし方ができる地域を、あるいは行政の施策をつくらなければと思っています。

津久井やまゆり園に知人がおりまして、一九七〇年に訪れました。先ほど話した大規模施設の典型です。私が勤めていた施設もそうでした。児童寮二二〇人に風呂が一か所しかないと、どこの施設もそうでした。そこからグループホームに移行してきて、最重度施設は地域で暮らせないからいるんだと、私が最後に働いた施設では、一六〇人は誰ひとり地域で暮らせる人はいません、とみなさんに言われましたが、その後一割以上の方が出ました。

その時私は言いました。人生やり直しがきかない、三〇年、四〇年施設で暮らしてきた人に、最後の一〇年二〇年を自分の人生にプライドを持って生きてよかったという、生活を一緒に創りましょう、と。厳しい施設生活を送った人が、どうして地域で生活できないことがあるだろうか。グループホームは個室、本人中心のプログラムで、地域で暮らせないわけがない。入所施設ほど厳しい条件はない。生活は保障されているが規制条件がある、そこを越えていく可能性の一つにグループホームもあると思います。今、サテライトに取り組んでいることをお話しして終わりたいと思います。

平野　やまゆり園に息子が入っております、平野と申します。家族会の意向として大規模建て替えの方向が報道されていますが、私は反対の立場で、施設から社会に出て生活していくべきだと思っています。今やまゆりのご家族の方は、尾野さんが言われるように、このままだととても不安だ、ひょっとしてやまゆりを追い出されるのではないかと、無理やりグループホームに移されるんじゃないかという心配を持ってらっしゃる方がかなり多いのと。皆さんいろいろ意見を言われましたが、こういった世間の流れというものが、施設にいるとなかなか見えなくて、まして利用者の方保護者の方に高齢の方が多いとなると全く世間の動きが分からないし、地域移行ってそれ何？　という方が多いわけです。まして相談員制度がありますが、それもよくご存じない方も多く、外部のことは全くわからない。突然事件を契機に地域移行だなんて言われて、まったくわからないんですね。

一番の問題は、二月に県の小島福祉部長が来た時に質問したんですが、「大規模施設作るより、グループホームを作る方がいいんじゃないか？」と。どういうわけか部長は真っ向から否定するわけですね。神奈川県は態度をはっきりしていない。グランドデザインでは地域移行を言っているわけですが、内実はそうでなくて、何をどうしたらよいかはっきり言わない。もっと県が主導してやるんだと言って、家族に不安を抱かせないことが大事だと思うんですね。五月二一日に意思決定支援のガイドラインを作られた大塚先生がやまゆりに見えたんですが、質問をしたんですが、いきなりそのことを言われても皆さん不安でしょうがない。西駒郷でもそうだった、でも、一切家族を路頭に迷わすことがないとはっきり言って進めた、と。ですから、そういう進め方をしないと家族はとても不安に思う。なおかつこれだけ周りから言われると疑心暗鬼になってしまう。大塚会長もよく言うには、施設の中のことを知らない人間が騒いでいる。我々はほっておいてほしいんだとよく言われる。はっきりとした言い方を県がしない、共同会もしない、共同会も一緒になって、地域移行は反対だというわけです。共同会自体も地域移行を理解していない。もう少しそういうことを県が説明しなくてはいけない。ですから私も役員をやっており、地域移行についてわかっている人を呼んで話をしてもらいたいと、家族会で言っています。

これから少しずつ意識は変わっていくと思います。なおかつこれから四年間芹が谷におりますけれど。四年間進めていけばかなりの方が外に出られると、ましてや四年間あそこにいたら、津久井の方はあそこに帰りたいと言わないと思います、職員もですね。ご存知のようにやまゆりはなかなか交通の便が悪く、職員も集まらないし、そういうのも事件の伏線にはあると思います。もっと言えば津久井なんかやめて、もっと開けたところへ、どうしても施設が必要だという方を集めて作れば、そうすれば話は進むと思います。質問があればどうぞお受けします。

尾野　平野さんありがとうございます。僕は平野さんとまったく違います。津久井やまゆり園は地域ですよ、広がってますよ、田舎じゃないですよ。確かに通うのは不便な人もいるかもしれませんが、皆さん通ってきてます。平野さんは嫌いかもしれませんが、僕はそう思っていません。家族会の総意、大月会長の言葉にはいろいろあるが、反論してる人はいません。この間の大塚先生の話では、意思決定支援地域移行ありきで話が出ている。今この話をする必要があるのかなと思うんです。地域移行は国の制度としてあるので、僕らは反対しているわけではない。ただこの事件が起きたから、なんで今地域移行しなければいけない、ただあそこへ一度帰してください、というのが僕らの気持ちなんです。その後から、地域移行でも意思決定でもすればいいんです。それには協力しますよ、そういうことなんですよ。

岡部　尾野さんに申し上げたいんですけど、東北で大震災がありましたよね。町が壊滅した、みんな復興、元に戻そうと言ってましたが、うまくいっているとか、ほとんどのところがうまくいっていないですよね

いろいろな考え方があるし、年月は経っていくし、元に戻せ、は無理と思います。ただ冒頭の堀さんには僕文句言いたいんですが、人が住んでいるところを、所詮入所施設だと言ってはいけないと思うんです。昔アメリカの入所施設解体の現場に行ったことがあるんですが、当事者の方と一緒に行ったんですが、施設を出た方ですね、施設が解体された後どうなったかというと、刑務所になったんですね。その話をしたときにその方、泣いちゃったんですね。なんてひどいこと言うの、と。誰だって自分の住んでいた所が否定されるのは嫌ですよね。そうなると、僕も尾野

さんに肩入れしたくなるわけですよ。意思決定支援だ、地域移行ありきだ、冗談じゃねえよと。だけど、元には戻らないとは思うんですよ。考えなくちゃいけない。西さんに文句言いたい。西さんのリアリティを押し付けちゃだめですよ。

じゃどうしたらいいかというと、多様なあり方があって、全員地域移行もなし、全員建て替えた施設に住むのもなしですよ。その上で何があるか、多様な形があるかをみんなで探る、そのことをみんなで約束する。神奈川県が約束すればいいじゃないですか。僕は八〇億をグループホーム建て替えに使うのも嫌なんですね。県は出し惜しみをしない、形はいろいろあるけれど皆さんの生活はちゃんと守ると約束すればいいんですよ、という議論をした方がいいと思います。

他の方も含めて、ご家族の方や当事者を訪問して一緒に出ようよ、出るべきだではなく、いっしょに暮らそうよというのが、ＣＩＬの方もいるが地域で一緒に暮らそうよ、と言わないと、地域か施設かという択一を迫るのではなく、あなたは僕の仲間だよ、と言いに行けばいいじゃないですか。そうでないとゆっくりと、あたたかい南風にならないと思います。過去七生福祉園に入所していて、地域に出てきてピープルファーストという団体を作った経過があるんですね。支援センターグッドラックの仲間が行って、俺たちと一緒に暮らそうと言ってきた。施設に入れようとする親に向かって、僕の嫁にくださいと言った人もいた。一緒に暮らそう、自分が責任持つよ、と親がどうこうより、そういう強くてあったかい南風を吹かさないとダメなんじゃないか、と思うんですね。理屈めちゃくちゃなんですけど。

佐瀬　大事なのは、現実の路線をどうするかという話だと、そう思いますよ。共に暮らそうという話は分野が違うかもしれませんが、バザーリア法で二〇年以上かけてイタリアでは単科の精神病院をなくしたんですよ。今の岡部さんの話のように、医者もケースワーカーも、看護師も介護人も一緒に街に出たんですよ。だからできたんですよ。佐瀬がまた同じことを言っていると言われてますが、私のところには入所施設はありません、必要ありません。誰か防波堤にならないとできないですよ。

もう一つ、県の検討会七回あったのですが、グループホームを作るだけではできないよ、その時に県が支える仕組みを提案しなければダメなんじゃないかと言っているんですが、なかなか聞かない。トランジットホームみたいなもの、体験型、ショート型のホームを作ろうと言っても、県は聞かない。

一番困ったのは堀江先生ですよ。家族や行政に振り回される。五月の説明会では小島福祉部長は、グループホームの職員は質が悪いなどと悪口を言う。高めようとしないで、批判する。事業主体に任せるようなこと言う。おかしいですよ。

女性　相模原で三十数年地域福祉をやっている者です。八〇年代に相模原には地域作業所しかなかった、通所施設は全くなかったです。でも親たちは昔の津久井やまゆりに行ったときに、自分たちの子があそこで暮らすと言ったときに涙を流しました。でも二〇数年前に津久井やまゆりが建て替えをした時は、あんなすてきな立派な施設に、いずれはあそこに入りたい。通所に通っている人たちは短期入所を希望してショートステイを利用しながら入所を待っている方もいました。でも親御さんたちはグループホームを作り続けてきました。実際は県央福祉会ですけれど、現在一一か所で一三〇人以上の方がグループホームで暮らしています。半分以上が区分5、6の方です。強度行動障害の方たちも暮らしています。多くの方、私たち親もグループホームを希望しています。実際のところ重度の人は無理だと言われました、たしかに無理でした。お金もかかるし、建物を建てるのも大変なことでした。年金だけしかなくて、だからそれなりに見た目がよくて親たちも入れたいと思えるような建物を用意するには年金だけでは無理でした。

相模原で家賃補助を創設しました、横浜ほどはかないませんけれど、家賃補助が二～三万出るようになりました。何とか年金でぎりぎり暮らせるようにやっとなりました。グループホームを作るからと土地を貸してくれる地主さんはいなかったです。でも地域で暮らしていけば地域は変わります。東京のように手当が数十万もでればいいが、相模原では違う。この地域を変えていくしかないんです。

三〇年たって親はどんどん齢をとっていて、グループホームは足りません。本当に困っています。津久井やまゆりの方だけが重度ではありません。でも何とか地域で支えていこうと思っています。その中で津久井やまゆりは重たい人たちだから入所施設がいいと言われたら、その先私たちにはないです。当初グループホームを作るために土地を貸してくれる地主さんはいませんでした。反対運動もありました。でも地域の中で、生きていけば地域が変わります。やまゆりは建て替えてそこに入ったらもうおしまいですよ。出て生活するなんてありえません。そこで落ち着いてしまいます。このような事件があったから言うんです。地域を作り変えていかないと、こういう話をすると地域移行と津久井やまゆりの話を一緒にするなといわれるんですが。今回このような事件があったから言うんです。この事件がなければ言いません。この事件があったからこそ相模原という地域をつくり変えたいんです。一緒に変えていく力をぜひ皆さんとやっていきたいです。

言語障害の脳性マヒ者
殺された人たちはなぜ匿名なんですか？

尾野
わかりません。なぜ匿名を望んだかは、僕にはわかりません。

岡部
なぜ、名前を知りたいんですか？　名前を知ってどうするんですか？　そうやって、親を追い詰めても仕方がないですよ。

鶴田　鶴田といいます。大田区で知的障害者の自立生活支援に関わっています。B型就労に関わっているんですけれども、先ほど岡部さんが、親が決めたということを話されましたが、僕はほんとに親が決めたのかな、施設入所も社会が決めたと思うんです。それ以外の選択肢が示されていなかったのではないかという思いが強くあって、その選択肢をどうやって示していくかです。僕は亮佑さんみたいな暮らしをプロモーションしたいと思っていますけれど、亮佑さんのような暮らしを知らない人が多いんじゃないか、どうやって知ってもらえるか、親御さんに寄り添いながら話していくことが大事かと思います。

平岡　一月四日の神奈川新聞のトップに、娘と一緒に紹介してもらいました大和の平岡です。今日お話しを聞いて、親御さんに、もう子どもたちを解放しませんか？　娘は今年高等部を卒業して、県央福祉会の通所に勤め始めましたけども、もう社会が受けとめてくれるんだから、子どもたちをもう解放しませんか？

あそこ(献花台)に六六歳と書いてある人は、その親御さんはもう八〇、九〇歳じゃないですか？今週仕事で七沢療育園に行きましたけれど、誕生日会の一番最初の歌に驚きましたけれど、「チャンチキおけさ」ですからね。ほんとお父さん、お母さんたちの会ですよね。もう子どもたちを解放しないといけないんじゃないかと思いました。成年後見とかに親御さんが反対をするということがよくわかりました。自分たちの苦労がほしいんですよね。自分と同じ考えをする後見人がほしいんですよね。ありえませんから。僕は後見人もしていますが娘の後見人はやるつもりはありません。なぜかというと、親のエゴをはりたいからです。後見人は娘の側になって考えなくてはならない。僕は親として娘のことを考えたいから娘の代理人にはなりたくありません。ずいぶん前から思っていましたが、家族会自体がおかしいですよね。成人、大人になってからもずっと見守っていく考え方がおかしい。支援者としてかかわることはありますが、子どもが成人になって二〇歳になって、親権を失っても家族の権威を振りかざしていくことは、僕には考えられない。

それから、やまゆりのことにばかり焦点あたっていますが、神奈川の障害者福祉を考えたら、僕は肢体不自由父母の会の県の副会長をやっていますが、医療ケアを必要な子どもたちの施設が全然できない。それを取り残して、津久井やまゆりが再建だというのは納得できない。そこも含めて考えていきましょうと言ってもらえないか。自分たちのことだけで再建というのは納得がいかない。そこは話し合いましょう。

岡部　圧倒的に旗色が悪い尾野さんに肩入れして言いたいですが、社会が助けるというのはやめてほしいです。社会なんてないです。支援者は自分がやっていくよと言えばいいじゃないですか。自分が引き受ける、自分がやる、そう言わないんですか？　そういうことがなくて、べき論だけ飛び交うのは納得がいかない。うちへきて支援をつけて、東京でも滋賀でも自分のところで手を上げて、一緒にやっていこうとなぜ言えないのか。自分ができることがあったらやるよ、希望者が来たらそれでやるよ、って言えればいいじゃないですか。そういう尾野さんが窮地に陥っていく姿、よくわかりません。

小田島

ピープルファーストの小田島です。僕も日野市の山奥に入っていました。七生福祉園に五年入ってました。その前に八幡学園に、小学校をやめて、お前は多く食うから駄目だと親にも言われて、親の言うとおりに最後なったんですけど。やっぱりやまゆり園だけでなく、こういうことは他の施設でもあると思うんです。殴ったり蹴飛ばしたり、七生でも一人亡くなって、お風呂の時に職員はどこにいたのかという裁判を起こしたこともあって、僕たちもいろいろ考えました。施設はあっていいのか、なくていいのかという話だけど。僕は七生を出てグッドライフに入ってひとり暮らしをやっています。自分の気持ちは自分で決めてやっていくのがいいと思うけど。そんな中でもつらいこともいろいろあるし、職員は怒っていて、自分やってないのに黙って、怒ってるんだなと思うこともありました。

平野

先ほどの尾野さんの話に反論。先ほど私だけが違う、一三四対一のような感じですが、結構他のご家族にもグループホームに関心のある方もいて、知らないということがまず第一で、今日活発なお話がでていますが、ほとんど届かない、まずは皆さんご存知ない、関心がない、そっとしておいてほしい、と。今さら騒ぎたてないでほしいと。私も啓蒙していこうと思っていますが、ちょっと時間がかかるかなと思っています。

できましたら皆さんがやまゆりに話に来ていただけたると一番いいんですが。なかなか機会がなくて、六月には家族会はなく、年に数回しかなく残念ですが、できるだけ機会を作ってみたいと思います、よろしくお願いいたします。

それともう一つ、先ほどのお話では尾野さんは施設を肯定的に捉えられているようですが、私にいわせると、土日出られない、好きな時に食べられない、外出できない、コンビニにも行けない。旅行とかありますが、ヘルパーを使ってたまに食事に行ったり、私も毎週土曜日連れ出しに行きますが、親がいなくなったらそういうこともできなくなると思います。

もう一つ、怒ってることがありまして。あの事件後、私の子どもは体育館におりまして。ある日連絡がありうちの子はなかなか夜寝なくて他の子に迷惑、三浦しらとり園に移ってほしいと言われました。風光明媚だし立地もいいので、これならいいかなと思って行ってみたんですが、外には出ない、散歩にも出ない、庭にも出ない、プールはあるが、子どものためのもので大人は入れない。運動しないのはどうするのかと聞いたら、部屋の中を歩いているから大丈夫だと。びっくりして毎週土日休日連れ出しに行っていたんですが、中はまあ汚いんですね。廊下に物は散乱している。物は埃だらけ、カーテンは垂れ下がっている、子どものいる三寮は、生きていくのがようやっとという人たちばっかりだから、どこにも外には出れない。皆さん身体が弱い人たちで、一切外に出ていない。まるで収容所、監獄ですね。二ヶ月たって一〇月一五日に行って外出したら、園に戻ろうとしない。大パニックを起こし、道路に飛び出そうとする、よその家に入ろうとする、川に飛び込もうとする。必死で抑えたが、物は投げるで、しらとりに戻ろうとしない。園に連絡をして、車で迎えに来てもらって、とにかく安全なところに、と。うちに連れ帰って一週間いましたが、パニック起こしまして、手に負えなくてやまゆりに連れて行った。一〇月二四日連れて行ったが、二七日までしか預かれないと言うんですね。部屋がない、人もない、連れて帰ってほしい。とても一人ひとりに向き合っていないですね。市のケースワーカー、課長呼んで何とかしてほしい、部屋も作るには一ヶ月かかる、たまりかねて連れ合いも泣き出し、話し合ってようやくやまゆりに戻ることになった。体育館で一人で生活していたが、何とか芹が谷に移っていきました。やまゆりなくすより、しらとりなくしてほしいと思うくらいですけど。それからみるとまだやまゆりはいい方です。

尾野さんは私がやまゆりを嫌っていると思われていますが、うちの子はやまゆりに三年いるが入って非常に状態がよくなった、そこはとても感謝しています。それでもやっぱり限界はあります、われわれ親がいなかったら好きな時にお風呂に入れない、好きなものを食べられない、プールにも動物園にもそういうことを考えれば社会に出た方がはるかに人生を楽しめるし、いきいきとすると思う。そのことを伝えたいと思いますが、皆さん七〇、八〇歳の方が多く、説得するのは容易ではありませんが、やっていきたいと思います。

石渡　神奈川検証委員会の委員長をやっておりました石渡と申します。それを申すのはとても恥ずかしく思っています。検証委員会で議論されていたことが、ちゃんと社会に伝わっていたとは思えません。神奈川県がもうちょっときちんと、あそこの議論のなかで、県の職員が障害がある人の生活を理解しているとは思えません、親の声、議員がこう言っている、知事がこう言っているで、当事者がどう思っているかは重度でわからない。先ほど平野さんのお話にもあったように、しらとりでであんなにパニックになるのは、ご本人がきちんと自分の意思を伝えているわけですけれど。先ほどお話があったように、ピープルファーストの方たちからお手紙が来ていることなど全く無視されたままです。こういうところで議論をすること自体が問題と思いましたし、いろんな立場の人から、いろいろな意見を聞いて、これからのやまゆりや、これからの障害者福祉がどうあるべきか議論する、そういうことがあったからこそ議論する。ここにいる方たちは関係者が多いと思いますが、やはり一般市民の方たちも巻き込んだ形が必要でそうなったら地域も変わっていくだろうな。先ほどの相模原の実践の話にもつながっていくんだろうなと思うんです。岡部さんのいわれるようにこれが正解というのではなくてとにかく、ご本人の思いをしっかり受けとめていくことが大事です。

これまで何百の入所施設、グループホームを見てきたが、決定的に違うのは、グループホームで暮らしている人たちは自信がある。自分で決めた生き方をしている。中にはこんなところかと思うところもありますけれど、そこを選んだ当事者の方は誇りをもっていきいきとしていらっしゃる、と思います。先ほどの岡部さんの息子さんの映像を見て、ブランコの漕ぎ方なんかにとても感動したわけなんですけれど、ああいう形の在り方もあるんだけれど。入所施設の限界というのを感じてしまう。やっぱりご本人の思いからというところに、もう一回立ち返ることが必要だと思います。

尾上
　障害連（障害者の生活保障を要求する連絡会議）の尾上です
　本当に貴重な集会の開催ありがとうございます、私の祖母が介護が必要で、本人がサービスを入れたがらず、家族の負担が大きくなっていることで、老人ホームに入れるかという話になっています。私は入所施設を反対してる立場なので、すごく複雑です、多分、家族は大変だから施設にと思います。なぜそう思っちゃうのか。多分、入所施設があるから、在宅サービスが貧弱だからと思っています、ニーズがあるから入所施設を作るからとよく言われますが。特に介護保険の場合、入所施設しかないのでニーズが高まると思います。お金がかかるので入所施設をなくして、その分在宅にお金を回してほしいです。（トーキングエイド使用）

藤沢市のO
　藤沢から来たOです。統合失調症の家族会の者です。皆さんのように専門的な立場ではないんですがたまたま知的障害の方のサポートに入っていまして。三年間に五回の措置入院、精神疾患じゃないんですよ。その家族は父子家庭で、二四歳の女性で知的障害ですが、街の人が通報するんですね。自傷他害の恐れがないのに、五回ですよ。そして入院させられて、統合失調症の薬をのませられちゃうわけですね。非常にひどい状況です。コンビニ行って喫煙場所で吸い殻を拾って吸う、おにぎりを食べて万引きと間違えられる。それがお店の人に営業妨害と思われて、すぐ通報。近所の家に靴を投げ入れる。よその敷地に勝手に入っちゃったり、なんですね。今も入院している。早く措置解除になるように思っているんですが。

警察からも、病院からからも、早く住む場所を決めてこの街から出ていってほしいと言われ、長年住んでる街から追い出されてしまう。夜に家を出て、なかなか目が離せない。地域移行は大賛成ですが、併行して地域で障害者が住みやすくしてほしいと思います。

女性（車イス利用者）

いろいろな立場の方がいて難しい議論と思いますが、少しでも若いときに地域に住まないと。施設にいったん戻ってそれから考えてと言っていると時機を逸してしまうと思います。一緒に暮らしていこうよと思っている人たちを少しでも増やしてやっていきたいと思います。

堀

様々な立場で様々な意見がありましたが、有意義な集まりだったと思います。施設をつくる北風に対して、今日の参加者は、地域を耕し、地域に南風を吹かせようとしてきた方が多かったと思います。地域の太陽になり続けていただきたいと思います。人はどこに住みたいか誰と住みたいのか、これは権利条約にありますが、健常者の選択肢の一つに大規模施設はないんですよね。今日なぜ障害者だけに選択肢の一つに大規模施設があるのか、疑問を持ち続けたいと思います。今日は本当にありがとうございました。

（文責　山崎幸了　堀利和）

【参加者の声】

「共に学ぶ」運動をしている立場から

（障害児を普通学校へ　会報356号より）

名谷　和子

五月二七日（土）、午前中は最後に担任した子どもたちの運動会を見に行った。障害のある子がどのように運動会に参加するか、そこにその学校の受け入れ（共に）の姿が出てくる。六年生になった両足に義足を装着しているA君のことが気になっていた。騎馬戦・組体操にどのように参加していたのかは、見ることができなかったが、タイム別順で走る短距離走では、一〇〇mを走りきっていた。「先生、私たちの踊るソーラン節、見てってってくれないの～！」と言う可愛い教え子たちに、「ごめんね。」と言いながら学校を出た。

集会のチラシには「第一部　追悼　黙祷・献花　花を持って参加してください」と書かれていたので、途中、花屋に寄る。SMAPの「世界に一つだけの花」の歌を思い出す。♪花屋の店先に並んだ～ひとつひとつ違う種を持つ～もともと特別なオンリーワン♪　と、植松被告も歌ったのだろうか…。一本一本に存在感のあったひまわりを一九本購入して会場に向かった。ちょっと予算オーバーだったことへの後悔と一九本の花束の重さが、この事件に対する私の気持ちと重なり、足取り重く会場の相模原市産業会館に向かった。

会場は多くの人（一五〇人の参加者だったそうだ）で溢れていたが、正面の献花台の後ろに男女で青とピンクに色分けされて並べられた一九本の碑には、男性〇才・女性〇才とだけ書かれてあった。

献花・黙祷の後に主催者から集会の趣旨説明があった。私はそれを以下のように受け止めた。①事件から一〇ヵ月たっても、施設の在り方・地域移行への取り組み・優生思想を巡る考え方等、事件が提起している課題が何も解決されていない。②真相が解明されていないのに、国は、措置入院者の再犯防止策ばかりを考え、精神保健福祉法を改革しようとしている。③行政は、同じ場所に、同じ規模の施設を建て替えようとしている。それには賛成できない。④反対しているだけではなく、親・家族の想いを受け止めながら、重度の知的障害者が自分らしく道を、立場を超えて考えていく、そのための集会である。

第二部は、立場の異なる二人の方が親・家族の思いを語った。一人目は、岡部耕典さん（早稲田大学教員）。愛の手帳二度・行動援護対象者である二四歳の息子さんの自立生活の様子をスライドを使って紹介。東京都の場合、障害年金＋特別障害者手当＋東京都重度手当を使って重度訪問介護制度を利用すれば、自立生活ができる。でも、そのためには、彼をよく知っているコーディネーターの存在があるようだった。

二人目は、息子さんが植松被告に傷つけられた尾野剛志さん（やまゆり園家族会前会長）。事件直後の様子をリアルに語られたが。尾野さんの主張は、「とにかく早く施設を建て替え、一度、子どもたちを戻してほしい。親・家族はそれを望んでいる。重度の知的障害者に意思確認は難しいが、彼らは千木良（やまゆり園のある場所）を自分たちの地域だと思っているし、早く落ち着いた生活を取り戻したい。地域移行を考えるのはそこからだ」ということだった。

第三部は、会場参加者も含めた討議だった。途絶えることなく様々な立場からそれぞれの体験を通した発言が続いた。聞いていて胸が苦しくなるような話もあったが、どんなに障害が重くても意思表示はあり、付き合っていく中でわかっていく。今は、グループホームなどの地域移行を目指すべきであり、同じような施設の再建はすべきではないという意見が大半だったが、尾野氏は、前述の考えを繰り返した。

講演の中で、「今日も、なぜ、亡くなった方たちが匿名なのか」という発言があったが、岡部氏が、「なぜ、名前を知りたいんですか？　名前を知ってどうするのですか？」と反論したのには驚いた。私たちは名前を知りたいのではなく、名前が公表されないことを問題にしているのだ。公表しない、できない親・家族の思い。そして、親・家族をそのようにさせている社会の問題に目を向けなくては、施設入所か地域移行かの問題にも答えは出せないのではないかと思う。

「住みやすい地域なんてない。地域は大変だ。でも地域は、住まないと変わらない」という言葉が心に残った。「普通学級は大変だ。でも、普通学級で共に学ばないと普通学級は変わらない」と言い換えられる。そして、地域で共に学び育つことが。地域で共に生きることにつながる。住みやすい地域は、共に学ぶ教室からだと発言したかった…。

全国連では会報で「相模原障害者施設殺傷事件を問い続ける」を連載している。私の中で、この事件をどう受け止めていったらいいか答えが出せず、ずっと書くことを避けてきている。今回も、集会の報告だけである。私がこだわっていること、それは、植松被告（その考え）を育てた学校現場、そこに居た自分ということだ。桜井智恵子氏は、「福祉労働１５３号」で、「できる人ほど優秀」という現代社会の価値観を「ソフトな優生思想」と表現している。冒頭の運動会、何十回やってきたことだろう。日々見え隠れしてきた自分の中にある「できることは良いこと」という能力主義・効率主義の教師根性＝ソフトな優生思想が、植松被告と繋がっているということをずっと考えている。自分を否定していくようで、考えるのが辛いが、まもなく一年がたつ。全国連に関わることを通して頭と心を整理していかなくてはと思っている。

第4章　地域にこだわり地域に生きる

津久井やまゆり園再生——共生の明日へ

平野　泰史

あの酸鼻を極めた凄惨な事件から、早くも一年が過ぎてしまった。この間、世間では「津久井やまゆり園」の建て替えに関して、様々な意見が表明されてきた。そして神奈川県の「津久井やまゆり園　園再生基本構想策定に関する部会」（以下「部会」）においても議論が重ねられ、この八月にも構想をまとめるというところまで来ている。

部会での議論の中心となっているのは、「津久井やまゆり園家族会」（以下「家族会」）が主張する、「元の場所に同じ規模の施設を」という意見と、外部の障害者団体などから寄せられている「施設解体・地域移行」という声との調整だろうと思われる。

家族会の総意とされる意見の内容は、おおよそ次のようなものである。

○全面的な建て替え以外に選択肢はない。
○大規模施設は医療面でも充実。何よりも安心でき、心強い。
○施設の中のことは我々が一番よく分かっている。外からとやかく言わないでほしい。
○利用者はこの施設が一番だと言っている。みんな満足している。津久井やまゆり園は楽しい所だ。
○入所を希望し、待機している人が大勢いる。
○とにかく今は元の生活を取り戻すことが一番なので、それ以外のことはその後にしてほしい。
○今の場所に同じものを再生のシンボルとして建てることが、あの事件の犯人の主張に対抗する唯一の答えだ。
○地域移行、地域移行と言うが、津久井も立派な地域だ。地域に受け入れられ、地元の人たちとの交流も盛んだ。

また、園を管理運営する「かながわ共同会」の主張もほぼ家族会の意向に沿ったものである。

この総意とされるものだが、その根拠となっているのは、昨年八月、事件が起きて間もなく家族会で実施されたアンケート調査の結果である。

その設問は「改修」か「建て替え」の二者択一であり、事件後の動揺のさなかで行われたものであった。それ故、その結果が殆ど「建て替えを希望」であったのは当然といえるし、大月家族会会長も設問自体が誘導的であったと認めている。

そしてこの集計結果（回答数一四八（回答率八五・一％）、建て替え＝一二七、改修＝一五、判断できない＝六）を基に大月会長によって要望書が作成され、九月の始めに県知事および県会議長あてに提出された。その内容が家族会の総意とされているものであり、また、それに対して内部からは特に反対の声が出ていないということも、総意の裏付けとされているようだ。

その後、家族会では全体で意見を募るとか、話し合いをするといったことは行われていない。したがって、その「要望書」の内容が果たして本当に総意であると言えるかどうかは、いささか疑わしい。

事件から一年が過ぎてやや落ち着いた今、保護者の気持ちにも変化があるだろう。また、お世話になっているので、何も言えないという方もいれば、ご高齢の方も多く、外部の状況がよく分からないという方もいる。あるいは、この際できれば施設の外へという方もいるだろう。さらには、外へ出したいが重度なので無理だろうとあきらめている方、施設外へ移りたいがどうすればよいか分からないという方もいるようだ。

つまり、家族会の中にもさまざまな考えや思いがあり、必ずしも全てが同じ意見、一枚岩というわけではないということだ。

大規模施設を望む意見の裏には、「医療面での充実」「大きな方が心強く安心」ということもあるようだ。しかし、これは外部の状況をよく分かっていない意見だといえよう。今や多くの小さな事業所やGHなどでも、看護師の巡回、医療機関との提携などで十分支援ができているケースが多く、常時医療ケアが必要な方が暮らしている所さえあるくらいだ。

重度の方が多いから、やはり施設でなければというのも、決して説得力のある主張とは思えない。はっきり言って「やまゆり園」にいる方は、本当に手がかかり、どうしても施設でなければという方はそんなにいない気がするし、世間ではもっと重く大変な方を自宅で看ているケースも数多くあるだろう。

そして「大規模だから安心」というのは、利用者にとってというよりむしろ保護者にとっての安心だと言えるだろうし、またそれは多分に思い込みに過ぎないという面もあるだろう。

一方、「施設のことは自分たちが一番よく分かっている」という言い方にはいくらか傲慢なものを感じざるを得ない。自分たちは知っているが、外の人には分からないという意味であれば、施設が開かれたものになっていないということであるし、今の施設に何の懸念も持っていないとすれば、少し問題意識が不足しているのではないかと言える。確かに「津久井やまゆり園」は施設の中では良い方だと思うし、大方の職員の質もいいだろう。だが、それと施設が持つ構造的な問題とは別である。

また、利用者が今の施設に満足し、楽しいと思っていると言うが、長い間施設にいれば外のことは分からないし、言い方は悪いが、「籠の鳥」状態であって、大空で羽ばたく自由をまだ知らないのだとも言えるだろう。

ものを言わない方、特に自閉症の多くの方のように、思いや感情の外への表出が見えにくい方に関しては、現状が満足かどうかは分かりにくいし、施設の不自由さを考えれば、満ち足りているのだとは簡単に決めつけられないだろう。

そして、待機者が大勢いるから施設が必要という声であるが、確かに長く待ってやっと入所したという方もいるだろう。現在「津久井やまゆり園」の待機者は、五五名ほどだそうであり、それほど多くはないと思うが、その中には「とりあえず申し込んでおいた」という人もいるだろうし、他の施設との併願をしている方もいるだろう。

今、世間では多くの方が障害のある者を自宅で介護しているが、できれば施設には入れたくない、なるべく身近においておきたいという方が多いのではないか。そうだとすれば、待機されている方も、ショートステイ等の体験を重ねるなどして行けば、ゆくゆくは施設ではなく近所のＧＨなどへ移ることができるだろうし、そうしていけばその数はかなり減ることになろう。

大月会長の言う、「とにかく今は津久井へ戻り、元の生活を取り戻すことが先決。それ以外はその後に」というのも、よく分からない話だ。今現在、「津久井やまゆり園」の在籍者は、「芹が谷園舎」などで生活しているわけだが、そこには今後四年間いることになっている。であれば「戻る・取り戻す」ことにどれほど意味があるのだろうか。

一方で、津久井に元と同じものを建てることが、犯人の考え方を否定する唯一の答えだとも言われるが、これにも首をかしげざるを得ない。それはむしろ逆で、障害のある人達をまとめて住まわせる施設を解体して、彼らを社会に出してあげることこそ、あのような差別的思考を強く拒否する答えになるだろう。もちろんそれによって今すぐに差別的な考えが一掃されるわけではない。それでもそれは、大きな前進の力となるに違いない。

また、地域移行ということに関しては、「津久井も立派な地域で、地元との交流も盛んだ」ということが言われる。しかし、これはどうも「地域移行」という意味を誤解された物言いだろうと思う。地域とは場所を指すのではなく、一般の社会という意味であるし、地元との交流といっても、数人が小学校の運動会に参加するとか、家族会主催の祭りに近所の方を呼ぶとか、ボランティア活動をしてもらうとかで、利用者の社会参加というものとはほど遠い。必要なのは障害を持つ方が普通に社会へ出て行くことであって、向こうから来てもらったり、お客様として招待してもらうようなことではない。

さらに、これも皆さんよく口にされることであるが、「利用者はみんな家族、揃って津久井へ」などというのを耳にすると、これはもう、他者の人権をどう考えているのか疑問を持たざるを得ない。もちろんどうしても津久井へ戻りたいという人に、帰らせないなどと言っているのではない。これからの生活、生き方に関してはそれぞれの選択の自由、それぞれの考えがあるのであって、そのような言説でひとくくりにすべきではない。

今まで、利用者の意向調査というのは昨年の暮れに県からの要請で行った、ごく簡単なものだけであるし、保護者の意見もほとんど聴取されていない、さらに職員に関しては箝口令が敷かれているのか、その声が全くと言っていいほど聞こえてこない。

これから県による保護者、職員も交えての利用者のきちんとした意向調査というものが行われるようなので、その結果をしっかりと見極めたい。


この八月には部会の最終案が出ると思うが、常識的に考えて元の規模のものということはあり得ない。せいぜい四〇人程度のものを作り、残りは四年をかけて少しずつ地域移行させていくということになるのではないだろうか。

一つ気がかりなのは、津久井という場所である。失礼ながら交通の便も悪い場所で、したがって職員も集まりにくい。発足当初も人が見つからず職員のほぼ全員が素人同然だったという。

現在でも状況はあまり変わらず、常に募集をしている状態のようだ。三年前は、日中支援も職員が足りず、私の息子は一週間に二〜三日、それも午前か午後のみの参加だった。また、津久井には「やまゆり園」が運営するGHも四軒あるのだが、外部サービスがどの程度使えているのか分からない。仮にあの周りにGHを数多く作るというようなことになるとしても、移動支援や行動援護などの外部サービスに来てもらえないのではないか。また、「やまゆり園」以外の日中支援の場所も見つかりにくく、結局住む部分が変わっただけで、「やまゆり園」の事業所のみで完結することになり、施設の延長に過ぎなくなってしまうのではないかと思う。ついでに言えば、保護者の方は今でも高齢の方が多く、あそこまで通うことが今後ますます難しくなるだろう。となると、やはり津久井から離れることを模索すべきだろう。

もちろん、津久井の場所にも障害のある方は存在するわけで、中心的な機能を持った建物は必要であるし、そこを拠点として地域移行を進めていくようにすべきだろう。

そういった拠点を県内に五カ所から一〇カ所程度作って、それぞれの場所で機能させていくということになれば、多くの障害者が社会へ出て行く足がかりとなるだろう。

振り返れば、本当におぞましく惨い事件であった。亡くなられた方々はさぞや悔しく、また残念な想いでいっぱいだろうと思う。その者たちの無念を晴らすためにも、また、あの犯人の愚昧卑屈な考えを断固として拒絶し、そこに通底する全ての差別、障害を持つ者への差別、弱者に対する差別をこの世界から排斥していくためにも、施設という空間に結果的にであれ閉じ込められている人たちを、極力社会へ出して行く、われわれの社会へ取り戻すということに傾注すべきだろう。

そして、今こそがその時だろうと思う。これだけの注目を集め、これだけ多くの方々から思いを寄せられ、共に考え、叡智を差し出してもらえる。また行政も自ら動いてくれようという、これほどのチャンスはない。是非この機会を存分に活かして「共生社会」の実現へ大きく近づいていてほしいと思う。

悩み込んでいる自分

岩橋　誠治

堀　様

本の内容ありがとうございます。

突然のお声かけに、かねてよりどこかでこの件は言葉化しなければと思っていたので、執筆依頼は良いタイミングかと思いました。

ただ、内容をみさせてもらい、さらに締め切りが七月末と知り、私にはまだ、引き受けられない内容だと思い、今回の件はお断りさせてください。

一旦思わせぶりの返答をした事を大変申し訳なく思います。でも、この内容で私の部分を書くのはたぶん無理だと思います。何らかの言葉にしなければと思いつつも未だ言葉にできていないのが私の現実です。

引き受けた上で、ぎりぎりになって「書けない」では申し訳ないので、お叱りは承知で今の段階で断らせていただきます。

以下、現状の私です。

この事件を知った時、様々な想いが駆け巡りました。入所施設での生活を強いられている人の事やその家族の事。それを生業としている職員の事。植松被告自身の事等々。

私が代表を務めるたこの木クラブは、ご存知の事とは思いますが、「入所施設から地域へ」ではなく、「入所施設に入れない」／「地域から奪われない」事を「ともに生きる」という言葉に込めてきました。

実際は「ともに生きていない」現実を前に、「ともに生きる」事を追い求めて、様々な課題と向き合ってきました。そして、「障害者の問題」「家族の問題」ではなく、私自身の問題／社会の問題として、自らが負うべき責任として長年活動し続けているつもりです。

故に、この事件についても、私自身の問題として誰よりも感じています。

ただ、そもそも「入所施設に入れない」事を目的に日々活動している者としては、入所施設で起こったことについては、そこに課題を見出す人たちに委ね、私は私の手の届く範囲／自らの足下を担う事で、いづれはどこかでつながっていると思い、この件に関しては、日常的に関わっていません。

ところが、半ば予想していた事ではありますが、精神障害者に対する事柄がこの事件から様々語りだされる事で、日々、関わりのある精神障害の当事者達にとって他人事ではないという想いを抱いています。

それでも尚、大きな輪の中でこのことを考える余裕は日々の活動や当事者たちとの関わりの中にはなく、とにかく、この件に関わっている人に関わるぐらいしかできていません。

又、この事件について、私自身非常に複雑な思いにあるのは、私自身、現在多摩の仲間たちと殺人罪で服役中の自閉性障害の当事者の支援を担っているからです。

「ズレてる支援！」でも触れましたが、彼は地域で育ち様々な人の中で暮らし続けてきた人です。

その障害の故に招いた事に対し、私たち支援のあり様を考えている所です。

面会や手紙でのやり取りを通じ、当事者の世界観と私たちの世界観のズレを意識し、何をどのように折りあっていくのか？　それは、「触法障害者の入口／出口支援」などと言う絵になる話ではなく、ドロドロと悶々とした中で、入口と出口の間にある刑務所という外からは中をうかがえない中でのやり取りが続いています。

その彼も、「ホームレスは人間のクズ」と言い、ホームレスを襲撃したのですが、植松被告に対する周囲の評価を耳にする中で、その評価に以前なら同調できたことも、こちらの当事者との付き合いの中で、かなり違ったものをみています。

そんなことも含め、この件では現在もすっきり語れないまま月日が流れています。

そんなまったく未整理の中での執筆依頼。

何らかの言葉化を私自身もしなければと思いますが、本という形で私の手が届かない範囲の人たちに向けて書くことは今の段階では非常に難しいです。

この先多くの方々が関心を抱いてくれることを願っています。

納得いく本ができればと願います。


（六月一四日　原稿が書けない旨のメール文より）

※岩橋さんには、このメール文の掲載を承諾いただきました。あわせて、短いエピソードとたこの木クラブの紹介だけでも、と書いていただきました。

グチャグチャ印がサインとなる

「地域で暮らす」とは、「地域の様々な関係の中で暮らす」と言う意味。昨今福祉サービスを利用する際に義務付けられたサービス等利用計画の中に「本人署名」の欄があります。サインは本人の同意の印ですが、名前の書けない当事者はサインができず意思がないとされます。でも、計画を立てる際に、様々な関わりがあり、様々な視点から本人の意思に近づき、作成された書面は、たとえ署名欄に「ぐちゃぐちゃ」と本人が記しても、その人の同意として関係者に認められその先へと進む。そんな関わりが地域で生きるということのように思います。

たこの木クラブは、一九八七年に発足した小さな市民団体です。

「子ども達どうしの関係づくり」をテーマに始めた会もすでに三〇年。今日では、重度知的障害の当事者・自閉症や発達障害の当事者や精神障害の当事者たちの自立生活支援を活動としています。地域で生まれ地域で育ち、時が来れば親もとを離れ自らの暮らしを地域の中で営む。ごくごくあたりまえのことが障害の故に閉ざされてしまう社会。

私たちは、「入所施設から地域へ」ではなく、「地域で生まれ育ち、成人した後はそれぞれのタイミングで親もとを離れ地域で暮らす」事を願い、様々な形で個々の障害当事者の自立生活や地域生活の支援を担っている団体です。

自治体・地域を変えて　施設からの出発《たびだち》

伊藤　勲

地域にこだわり、「いのちの尊厳」を共有しあうアプローチを
「共生」へ　やまゆり園再生を　地元住民が県に要望

二〇一七年七月一四日の神奈川新聞は、「事件を風化させまいと願い込め、県立障害者施設「津久井やまゆり園」の再生に向け、地元住民らが一三日、黒岩祐治知事に対し、障害者の人権を尊重し自己実現の場となる多機能施設として再建するよう求める要望書を提出した」と報道している。

要望書を提出したのは、旧相模湖町の住民らでつくる「共に生きる社会を考える会」で、元園職員の太田顕さんは「園と共に暮らしてきた地域の希望を受け止めてほしい」と訴えた。「昨年七月二六日の事件後に障害者に対する差別のない社会のあり方を考えてきた。意見交換を踏まえた要望は、「共生社会」の創造に貢献するシンボルとしての園再生。多機能施設での再建のほか、▽日常的な交流広場の設置、▽犠牲者の慰霊碑設置、▽職員の倫理性と専門性確保、▽地元の経済振興につながる施設―などを求めた」。この取り組みの中心となっている太田顕さんは、三六年間津久井やまゆり園の職員として働いてこられた方である。

彼は、施設に赴任した時の思い出を新聞社のインタビューにこう応えている。「一九六八年、開設五年目の時に赴任した。当時、入所者と一緒に外出すると、近くの大人や子どもが木陰に隠れることもあった。触れ合いが欠かせないと考え、入所者が小学校の運動会で駆けっこに出たり、施設

の盆踊りに住民を招いて踊ったり。できるだけ接触する機会をつくった。すると、地域の目は変わった。無断外出の入所者に気づいた人から「一人でいる」と連絡が入り、お茶に招いてくれる住民も出てきた。「地域の理解なくして施設は成り立たない。障害を知ってもらうことが理解につながると確信した」と。

大田さんと筆者は、一九七〇年に知人の紹介で津久井やまゆり園を訪れた際にお会いしていた。事件後、現地の集会で再会する機会を得た。その集会で、無念の想いを込めて、「自分も含めた施設職員にある内なる優生思想」の超克が課題であるいう趣旨の発言を静かに語られていたのが強く印象に残っている。同時代を『施設と地域のはざま』で苦悶してきた者として、施設への外在的評論・批判とは異なる視点を堅持されてきた彼の「当事者性」へのこだわりに共感を覚えた。また、津久井やまゆり園の今後のあり方を巡って、「現地改築か移転改築か」が論議の一つの焦点になっている。しかし、問題は、施設サービス＝福祉サービスの供給システムの形態だけではない。「重度・重症児者を排除してきた施設利用者の出身地域の在り様」も問われなければならない。

津久井やまゆり園の障害当事者と施設職員、家族は、懸命に「地域との共存」を求めてきた。そこで、何故今回の事件が生まれたのかは、全ての施設に問われている問題である。「内なる優生思想の超克」なくして「施設の闇」と「合法的に容認されてきた差別」の解消はない。

津久井やまゆり園と府中療育センター―開設の今日的意味

津久井やまゆり園は、東京オリンピックが開催された一九六四年に創設された。

「精神薄弱者福祉法」制定の四年後であり、神奈川県は、新たに建設する施設を「全国初の重度を専門とする精神薄弱者援護施設」にする計画を立てた。受け入れ先が得られない障害当事者と厳しい状況にあった家族に援助の手を差し伸べる画期的な施設として、一時収容施設が主流だった時代に、終生保護を目的としている点でも注目を集めた。一九六五年六月、当時の佐藤首相のお声がかりで作られた『社会開発懇談会』は「社会で暮らすことにむずかしい精薄者等についてはコロニーに隔離すべき」との中間答申を出した。そうした国の新たな人口政策（優生思想）を背景に全国コロニー整備計画が動き出していたのである。そして、府中療育センターが開設されたのは一九六八年である。津久井やまゆり園と府中療育センターは、その先鞭となった施設といえる。

この時期、各地で「障害児を持つ母親による障害児殺し」が相次いでいた。しかし、それは「施設がないが故の悲劇」とみなされ、「可哀想な母親を救え」というマスコミキャンペーンと「親の会」を中心にした減刑嘆願運動が展開されていた。

一九七〇年、国は一九七五年度までの五カ年程度を目途とする社会福祉施設緊急整備計画を策定し、コロニー網の整備が都道府県単位で急展開された。この「福祉政策」に自治体が追従することで、「重度障害者が生かされる場は施設」という差別の固定化が全国の自治体に拡大することになった。その結果、身近な地域から重度障害者が長期にわたって姿が消える状況が「常態化」されてきたといえる。近年、差別解消法が制定され、「合理的配慮」の必要性が強調されている。しかし、日常的に重度障害者とふれあう機会を政策的に奪っている状況の改善なくして、「あるべき論」の啓発だけでは差別は解消されない。

移転ではなく、「施設的暮らしからの脱却」を求める運動の展開を

府中療育センターは、「東洋一」といわれる「超近代的」な医療施設として開設された。しかし、開設後間もなくして、重度障害当事者から、入所時に「死体解剖承諾書」の提出が求められる等の「医療モルモット」扱いされることへの「不信・怒り」が告発・糾弾として噴出した。当時の闘いのスローガンとして登場したのが『鳥は空に、魚は海に、人は社会に』であった。府中療育センター在所生の有志グループが結成され、全国初といわれる重度障害者施設の当事者運動が展開されることになった。在所生有志グループは、四二項目と呼ばれる「センターを生活の場としていくためのセンター改善・改革要求」をまとめ、美濃部都知事に直訴した。その一部抜粋する。

①外泊の制限をなくすこと、②面会の制限をなくすこと、③一日の生活を自分で決めたい、⑤入浴の際の同性介護を、⑨私物の持ち込みを自由に、⑰自主交渉権を認めること、⑲センターから学校に通いたい、㉒外出用ヘルパーの派遣、㉔個室をつくること、㉗夫婦部屋の設置を、㊷センターの歩車道の段差をなくすこと。府中、国立、国分寺駅の改札口を広げ、エレベーターの設置を…。

これらの要求は、単なる入所施設改善の域を超え、地域自立を視野にいれ、障害者が暮らしやすい「共に生きるまちづくり」の当事者要求として画期的意義を持っていた。

しかし、こうした要求と運動に対して、センター医師団だけでなく、センターの都職労衛生局支部も、到底受け入れられない「過激な一部障害者の要求」として無視する態度で応じていたし、大半の福祉研究者・福祉団体も同様であった。それに対する歴史的な総括はいまだなされていないの

ではないかと思う。

筆者は、知的障害者施設で働く者として、これらの要求はセンターや都への要求としてだけでなく、全ての障害児者施設で働く者への突きつけであると受け止めた。同様の認識を持つ島田療育園や第二びわこ学園の職員らと共に『重度・重症児者問題研究会』が立ち上がり、日野療護園や島根県立厚生センターの関係者らによる『全国療護施設生活調査員会』の活動として発展した。その後、丹沢レジデンシャルホーム自治会長の小峰和守氏が牽引した「全国療護施設自治会ネットワーク」の運動は、施設利用当事者の権利擁護に多大なる貢献をした。

府中療育センター当事者の闘いは「重度障害者の社会的に生きる権利」の実現を求める闘いの端緒を切り開いた。一年九か月に及んだ都庁前テント闘争の中で、「府中療育センターの改善改革要求」の実現を求める第一都庁舎前の「第1テント」グループと地域での自立生活を求めて「障害者住宅」と「公的介護保障」を要求する第二都庁舎前の「第2テント」グループに分岐していくことになった。しかし、「第1テント」も「第2テント」も「脱施設」と「地域での自立生活」の実現を基本目標にしていた。その後、強制移転に反対した「有志グループ」と都の「和解」が成立し、一九八一年に『生活の場としての日野療護園』を開設することになり、舞台は日野療護園に移ることになった。


「施設を生活の場に！」から、地域での暮らしを求めての出発《たびだち》

日野療護園では、「個室が保障され、日課による制約もなく、外出も自由」という生活環境を創り出すことができた。しかし、いくら改善しても施設は施設でしかないということを認めざるを得

なかった。

その結果、『施設入居者の自立援助及び地域居住に向けての要求』を入居者自治会と都職労民生局支部日野療護園分会の共同要求として、一九八七年に集約するにいたった。「より良い施設づくりではなく、施設的生活と施設的労働からどう脱却するか」を目指すこととなったのである。その後、「おちかわ屋」の創業を起点に、一九九〇年には「障壁のない地域社会日野を創る会」が結成された。「創る会」は、①障害者同士にある障壁、②障害者と健常者の障壁、③施設と地域社会との障壁の除去を基本目標に掲げ、「誰もが使える駅づくり」「地域で暮らせる介護保障と住まいの場の確保」「障害者が主体性を持って、多様な働き方ができる場」などを求める様々なワークショップを展開した。

その成果として全国初といわれている「市民版ひのまちづくりマスタープラン」を多くの市民とともにまとめ上げた。この「プラン」を実現するために私たちは「NPO法人やまぼうし」を創設した。その後、日野市において福祉施策だけでなく、生物多様性を大切にするまちづくり等、日野市の自治体政策の転換を「市民協働」により実現してきている。重度障害者をまちづくりの主役に！を掲げて「障害者と共に生き、働くまちづくり」をめざし、施設から地域へ移行した人の地域での多様な暮らしと働く場づくりのための「小規模・分散型の暮らしと働く場の創出」に取り組んできている。

二〇〇一年から都独自の「重度障害者生活寮」を活用して、施設からの重度者の地域移行に全力投入してきた。二〇一五年段階で、東京都の知的障害者グループホームは、利用者定員五三一九人となっている。『平成二七年度都運営状況調査』では、区分6の人が一二六人、区分5が三一三人、区分4が五四三人と着実に重度者の地域居住の場が拡大してきた。しかし、都外施設に追いやられた障害者は、今日なお、東北を中心とした一四県四一施設に約三千人が長期入所を余儀なくされているのが現実である。

一九八一年の国際障害者年を機に「障害者の完全参加と平等」は理念としては浸透したものの、コロニーや「自己完結型施設」に隔離収容された人々の大半は「市民権剥奪状況」＝「施設での終生保護」で人生を終わることを余儀なくされている。彼ら彼女らが、「出身地域」でも「施設所在地」でも二重の意味で「匿名化された市民」である状況に変わりはない。こうした人々を除外した「共生社会」の強権的強制には確執し続けなければならない。

津久井やまゆり園の今後の行方は依然不透明であるが、府中療育センター闘争で提起された問題と未解決の課題から教訓化すべき点は多いと考える。府中療育センター闘争から四七年の年月を経て、地域のソーシャル・チェンジは「共生」の内実を問う時代を迎えている。元施設職員の引き起こした「原罪」は我々関係者自身の問題である。「脱福祉のまちづくり」と「共生主義社会の具現化」にこだわっていきたい。

誰もがともに暮らせる社会をめざすことが地域生活移行だ！

佐瀬　睦夫

はじめに

障がいのある人が入所施設から地域生活に移行するための一つに、グループホームでの生活がある。しかし、この制度は、障がいのある人の経済的負担を強いるし、決して万全な支援体制での活動拠点とは言い難いものがある。時にはひとり職場になったり、支援する職員たちの専門性も必ずしも高いものではないかもしれない。そんな脆弱な支援体制や環境であっても、入所施設より障がいのある人が自由で様々な選択肢もあり、地域住民とともに生きているという実感の持てるものである。だから、津久井やまゆり園事件を契機に、グループホームの体制や職員の質の向上に努め、誰もが安心して選択できる終《つい》の住処となりえる制度にしなければならない。

津久井やまゆり園事件は、入所施設の存在や役割を考えるだけでなく、如何に利用者さんの「個」を尊重し自分らしく生きる環境と、職員スタッフの専門性を獲得して暮らしやすい環境にするかである。障がい者福祉の現場が職員のプライドが保てて、誰からも尊重されるステータスのある職業にしなければならない。地域生活移行を推進するために、障がい者施設で働く職員の専門性の高い教育とグループホームを支える制度と仕組みを考えるべきだ。

フィンランドの社会・保健医療の共通基礎資格であるラヒホイタヤ制度の導入を！

フィンランドの社会・保健医療の共通基礎資格である「ラヒホイタヤ」という教育制度がある。フィンランドでは、保健医療分野と社会サービス分野の日常ケアに関する高校卒業レベルの資格を一体化し、一九九三年に資格教育が開始されたという。保健医療分野では准看護師、児童保育士（病院での病児保育等）、歯科助手、リハビリ助手、精神障害看護助手、救急救命士・救急車運転手であり、社会サービス分野では知的障害福祉士、ホームヘルパー、日中保育士である。三年間で120単位（1単位＝40時間、計4800時間）を取得すると資格要件を満たすという。うち現場実習が29単位（1160時間）である。この教育制度の特徴は全体単位の四分の一に相当する実習制度である。共通職業資格教育は、「発達の支援と指導」「看護と介護」「リハビリテーション支援」の三分野の単位が必修であり、**各分野で5単位ずつの実習が必須**であるという。三年目は、複数の専修課程から課程を選択し、選択した専修課程に関する基礎職業資格教育科目を30単位取得し、**うち実習が半分近くを占めるという**。〔註：森川美絵「地域包括ケアシステム構築のための人的基盤―フィンランドのラヒホイタヤから示峻―」月間福祉七月号二〇一六年〕

このような教育制度が一日も早く日本でも確立されることを願いたい。私は、このような考え方を骨格として、福祉・介護・保育・療育に携わりたい人々に、もう少しボリュームを少なくし、常勤職員・非常勤職員として働く場合に、日本版ラヒホイタヤ制度の構築ができれば、支援や介護等の質の向上にも繋がるのではないかと思っている。

そして、職員の入職前の面接や教育制度の充実を図らねばならない。職員採用の段階で入職者の人権意識と倫理観！　そして、命の尊さにどれだけ真摯《しんし》に向き合えるのか等、面接や実習で正しくチェックすること。ただ、採用面接や実習ですべて理解することはそう簡単ではないが、入職前にどれだけ対応できるかは後々の職員教育に大きく関わってくる。第一に、人権意識・倫理観、すべての生き物の命を大切にできるか等の質問項目を用意し確認すること。また、仕事に取り組む姿勢や社会的ルールやマナーなど採用説明会や事前相談会を設け、この仕事の大切さと大変さとを十分に説明する。

幼少期からの療育について

日本の障がいのある子ども達の近代療育（治療教育）は、たかが五〇～六〇年の歴史でしかないが、めざましい発展と充実の結果、障がいの特性にあった療育制度が充実した。自立への療育が日々行われ障がい当事者の意思が尊重される時代になって来た。地域生活移行とは、自分の暮らしが、障がいのない人と同じような地域で住み、食べたい時に食べたい物を食べ、出かけたい時に出かけ、好きな人と一緒に過ごす環境が保障されることである。だからといって、勝手気ままで我がままな暮らしを目指すことが地域生活移行だと錯覚されては困る。障がいのない人だって自由奔放な暮らしをしているわけではない。一定の規制や拘束の中で、思い通りに暮らせないでいる人が大勢いることも事実だ。しかし、今の入所施設は職員の管理と拘束の中で暮らしていることを察しなければならない。なにもそこで働く職員が悪いのではなく、入所施設が持つ構造的なものである。このような施設の現実を無視して、施設を肯定することによって、地域移行批判をすべきではない。

二〇年、三〇年後には入所施設はなくなる！

一九五〇年代前半にデンマークで起きた入所者一千名以上の大規模施設解体運動は、それがあまりにも非人間的な処遇だったためである。こうして、デンマークから始まった運動は、たちまち北欧にそして全ヨーロッパへ、そして北アメリカ全土へと広がっていった。当時、欧米のどこの国も大規模入所施設が主流であったために、入所施設は解体されることとなった。日本は大規模でなく小規模入所施設が主流であったために、入所施設解体へとは一気に進まなかった。だが、大規模か、小規模かが問題ではなく、そこで暮らす利用者さんが人間らしい暮らしが出来ているか。自由な暮らしが保障されているか、ということである。

どんなに快適な素敵な入所施設であろうと、今の若い母親や父親が、果たして入所施設を選択するだろうか。幼少期から正しい療育を受け、自立もコミュニケーション力も身に着けていけば、入所施設は選択しなくなるだろう。ましてや、重度だから入所施設だという短絡的な結論を出さなくなるだろう。だから、遅くとも二〇年、三〇年後には日本にも入所施設のニーズはなくなるだろう。特に入所施設を経営している法人の役員たちもそこで働く職員たちも、時代に即したニーズに対応した役割を模索すべきだろう。

三〜四ホームに一か所の割合で「地域生活定住化センター」の創設を！

津久井やまゆり園の再生は、入所施設の改修でも建替えでもなく、相模原市内にグループホームと日中活動支援事業所の整備である。先日、津久井やまゆり園に入所しているご家族が、今後の行く先を検討するにあたり、当法人のグループホームを見学した。二〇年間入所しているが、二〇年前のグループホームのイメージしかなく安心してグループホームに預けられないと思っていたが、当法人の今のグループホームを見学して、これなら私の子どもも入居させたいと述べていた。建物も支援力も入所施設を上回る環境に、考え方が変わったと言っていた。

しかし、現在のグループホームの経営基盤や運営スタッフでは心もとない面もある。**一ホームだけの職員体制では不安もある。また、運営は厳しく、支え合える体制が必要である。そこで、より安心と安全と充実した暮らしを保障するとともに、障がいの特性に応じた支援と専門性を高めていくことと、グループホームが地域社会のなかに一体化して受け入れられるために、四ホーム（一ホーム二ユニット入居者一〇名）×四ホームに一か所、「地域生活支援センター」（地域生活支援拠点事業）」を設置し、各ホームへの支援・サポート、ホーム職員への専門的アドバイス等を行うと共に、グループホームの横の繋がりと関係機関との連携を確かにし、利用している障がいのある人々の充実した生活を送ってもらうための体制が今後必要になる。**

真犯人は「隔離収容施設」である

斎藤　縣三

私が一九七一年にわっぱの会をはじめた最大の理由は隔離収容施設の存在でした。それらの施設に障害ある人が集められることの誤りを改めるには障害ある人たちが安心して街の中で暮らせる場所を作り出さなければならない、そう考えてわっぱの会は始まったのです。

今から五〇年前の、わが国では成人の知的障害者施設がどんどん作られ始めた時期でした。その典型が全国コロニー網の建設でした。各地方に一ヶ所ずつ七〇〇〜一千人規模の大型の知的障害者の収容施設が作られていきました。私の住む愛知県では春日井市の山奥に県立の愛知県コロニーが作られました。私は当時、その愛知県コロニーとか愛知県や三重県の一〇〇人以上の知的障害者の収容施設を訪問し、ワークキャンプ活動を行っていました。それらの施設は全て電車やバスを乗り継ぎ、その終点からさらに歩いてやっとたどり着くような僻地の施設ばかりでした。当時は障害者の施設といえば通所型のものはなく、ほとんどが今でいう入所施設（当時は収容施設）でした。それらの施設で一週間ほど泊り込みの労働奉仕活動を行ったのです。そこで真っ先にここにいる障害ある人は死ぬまでこの中で生活しなければならないということに気付かされました。そしてお盆やお正月に帰省するところがある人はまだいいが、そうでなければここだけでずっと生き続けなければなりません。たまに職員付き添いでみんなで外出することはあっても個人で外にでれば無断外出として、とがめられることになります。それに引き換え、私は好きなときに来て帰ることができます。その落差に愕然とするしかありませんでした。しかもその施設の中にいる唯一の障害のない人である職員たちは、「あれしてはいけない」、「これしてはいけない」と指示命令をするだけで、とても人間的な交流があるとは思えません。

五〇年前は隔離収容施設の施設中心主義の福祉政策が全てでした。それが一九八一年の国際障害者年以来、地域福祉、在宅福祉の必要がいわれるようになり、施設福祉と地域福祉を車の両輪とするような国の福祉政策の転換が進んだのです。そして、二一世紀になってようやくこれらの大型の収容施設は解体の方向が示されるようになりました。しかしながらその動きも不十分なままとなっていました。

五〇年後に突然起きた相模原の施設（やまゆり園）の大量殺傷事件は、地域福祉が中心となった時代になっても隔離収容施設が変わらず今も存在していることを気付かせました。今はこれらの隔離施設は重い障害の人たち中心の居場所になっています。かつては重い障害ある人だけでなく、中軽度の障害ある人も隔離施設に入れられていました。その点だけが変化しただけで、隔離収容施設が今も変わらず存在していることが、大変な事件が生み出された真の原因ではないかと、考えずにはいられません。

実行犯が強い優性思想の持ち主だったことが明らかにされています。しかし世の中にはそのような考え方の人は決して彼一人ではありません。しかし彼はこのやまゆり園で職員として働き、重度の障害ある人を生きる価値のないものと確信し、彼らの命を抹殺することこそ正義であると考えるようになりました。彼はコミュニケーションが取れない障害ある人を選び出して刺したといいます。

仮に言葉での会話ができない人であっても一人ひとりの障害ある人との多様なコミュニケーションは可能です。それぞれに意志があり多様な表現は必ず存在しています。ところがこのような大量隔離施設では、それぞれが「物」として取り扱われ、各自の生き生きとした生き様がなくなってしまうのです。彼が職員として障害ある人の生きている姿を受け止められなかったのは、隔離施設が既に一人ひとりの障害ある人の「生」を殺してしまっているからです。もし彼がこのような施設ではなく、もっと地域の中で一人ひとりの障害ある人が大切にされ、人と人とが関わり合う実践現場で働いていたら、とてもこのような凶行は引き起こせなかったのではないでしょうか。隔離施設こそがこの実行犯をつくり出したのです。

もう一点、一九人の死者、二七名もの負傷者がわずか五〇分の間に銃器ではない刃物によって生み出されたのもこの隔離施設の中だからこそ起きえたといえます。重い障害ある人ばかりを集め、彼らは身を守ることも逃げることもできず、次々と刺されていくだけしかありませんでした。わずかな職員（といっても、それなりの職員配置はなされていました）は縛られ、彼らを守ることはできなかったのです。つまり、どこかで仮に何らかの悲惨な事件が起きたとしても、このような隔離施設でなければこんな大量殺傷事件には至りませんでした。つまり、この「大型隔離施設」でなければこんな大量殺傷事件は生まれようがないのです。

この実行犯のもつ優性思想が事件の引き金であることを指摘しました。しかし、この優性思想は広く社会が共有するものです。一九七〇年代、脳性まひ者の会青い芝の会は「母よ殺すな！」と、親による障害児殺しが無罪や軽い執行猶予刑になることを鋭く告発しました。その時代、同時に「不幸な子の生まれない運動」が既に六〇年代から兵庫県で始まっており、いろいろな批判を受けても行政の動きや民間団体によって優性思想の動きは広がり続け、今日に至っては出生前診断によって一定の障害のある子の出産が拒否されることが一般の親では当たり前にもなっています。かってナチスの時代に当然のように優性思想に基づく障害者殺しが行われました。今はそのような極端な形を取らなくても障害のある子は生まれないほうがいい、障害のある人は社会の厄介者であるという考えは、広くわが国の中に浸透しています。近年、ヘイトスピーチに代表されるような外国人に対する差別、排外主義がはびこり、それにつながるネットの中の言動では障害者の存在否定が堂々となされており今回の実行犯の行動を賛美する意見すらあります。極端な考えは一部に限られているとは言うものの、その底には根強く幅広い障害者否定の優性思想があり、その拡大が今回の事件を生み出したということもまた間違いがありません。しかし、政府は再発予防のため施設の安全対策や警備の強化、さらには精神障害者の措置制度における管理の強化といった間違った政策を進めようとしているだけです。

わっぱの会は一九七一年以降地域の中で障害のある人ない人が共に暮らし、共に働く活動を継続してきました。八〇年代、わっぱんの製造販売の開始以後、より多くの障害ある人の仕事の場を提供してきました。パンを通じて、地域社会の中に障害者の社会参加、労働参加の意義を広めてきました。そして、九〇年代以降は一般就労支援に取り組むことで一般企業の中にもより多くの、かつ少しでも重い障害をもった人が働けるように応援してきました。今、さらに限られた場での人と人とのつながりにとどまらず、差別や偏見を許さない暮らしや仕事を作っていく地域ぐるみの交流の拠点をつくる取り組みを始めています。近年、取り組み始めた生活困窮者支援では地域社会の中にいかに社会的に孤立し、社会的に排除されている人がいるのかを実感させられます。障害、病気、高齢、引きこもり、母子、薬物依存など数限りない社会的困難を強いられる人々が生きにくい状態がますます広がっています。

今こそ、地域社会の中で一人ひとりが協力し合い、共に生きる社会を目指さない限り、個人個人はばらばらになり、地域崩壊に至っていくでしょう。相模原大量殺傷事件は単に障害者への差別の排外主義、優性思想問題を明らかにしただけでなく、今の社会のあり方を根本から問いただす私たちへの警鐘でもあります。偏見や差別、そして優性思想をなくすには、隔離や選別ではなく、地域の中でさまざまな人々の共存共生を拡げることしか方法はありません。

「教育」の場から、優生思想を問わねばならない

高木　千恵子

障害児を普通学校へ・全国連絡会（以下、全国連）では、津久井やまゆり園事件は、子ども達から障害のある子もない子も共に育ち合う場が奪われていることが根本にあると考えています。そして障害者に対する差別や偏見はなくなるどころか、人々の心に根深く存在していることを改めて痛感させられました。私達の「共に学び共に育つ」取り組みの不十分さが、事件の発生を許してしまったものと捉え直しています。

母よ　殺すな

いつ聞いてもこの言葉には胸に突き刺さるものがあります。一九七〇年代の障害児殺しに対する反対運動の中で、脳性マヒ者の横塚晃一さんから発せられた言葉です。事件後、殺されたその子に同情が集まるのはでなく、殺してしまった母親に同情が集まりました。この母親への減刑嘆願署名に対して、神奈川青い芝の会は異議を訴えたのです。「施設があればあのような事件は起こらない」という世論に対し、障害者を「劣った存在」「価値のない存在」とみなし、だから「生きていても仕方がない」と考える健常者の価値観（差別意識）こそが問題の根底にあると主張しました。

四〇年以上もたった今、施設の中で、しかもそこの職員の手で障害者殺しが起こってしまいました。「施設があれば障害者殺しは起こらない」は、そうではなかったのです。健常者の価値観（差

別意識）は、そのまま温存され続けてきたのです。表に出してはならなかった優生思想が頭をもたげたのです。障害者達は町に出るのが怖い、行き交う人達のしぐさにはっと身を引いてしまうと訴えました。ヘイトスピーチやヘイトクライムが出てくる風潮が見られる昨今、今後障害者殺しが母親や施設職員の手から直接障害者と関わらない人達の手へと広がるのではとの危惧を禁じ得ません。出生前診断のようにひっそりとわからないような形となるのかもしれません。

「母よ　殺すな」と突き付けられた障害児の親たちは、この言葉を受け止めようとしてきました。わが子を「障害があってかわいそう」と思う気持ちと向き合い、「障害児の親は大変ね。気の毒」という自らへの世間からの同情の眼と対峙しています。そしてこの事件に対して、「親は施設に入所させたわが子に『ごめんね』と謝るべきだ」「親が自分の手で殺さなかっただけ」と捉え、親の立場から自省しています。そして入所させざるを得なかった状況を訴える必要があるのではないのかと主張しています。

養護学校はあかんねん

「養護学校はあかんねん」は、文科省前に養護学校義務化阻止を訴え集まった障害者たちの叫びです。それは養護学校卒業生達の声でした。「障害者だけの集団は楽しくない」「分けられた場所での手厚い教育はいらない」という声は、分けることを是としてきた学校関係者に大きな衝撃を与えました。

養護学校義務化は、一九七九年に施行されました。義務化とは、都道府県に「必要な養護学校を設置しなければならない」という設置義務と、保護者に「養護学校の対象児は養護学校へ就学させる」という就学義務とがあります。この義務化に対して「地域の学校へ行きたい」と願う子や親は、養護学校への就学が強制されることになり、義務化阻止の動きが起こったわけです。

障害のある子達には、障害を克服するための訓練や作業教育などの適切な教育が必要だとされています。そのため地域の普通学級から排除されてきました。「我が国の特殊教育」（一九六一年文部省）によると「普通の学級の学級運営をできるだけ完全に行うためにも、それぞれの故障に応じた適切な教育を行う場所を用意する必要がある。特殊教育の学校や学級が整備され、例外的な児童・生徒の受け入れ体制が整えば、それだけ、小学校や中学校の普通学級における教師の指導が容易になり、教育の効果があがるようになる」（抜粋）に見られるように、養護学校義務化は、障害児を普通学級から排除することが目的でした。それは、健常児から障害児と共に学ぶ機会を奪ったことになるのです。

学校は、優生思想がはびこる温床になっていないか

今学校は教育の効果を上げるために、子どもたちの排除が進んでいます。教育再生実行会議第九次提言（二〇一六）によると、障害のある子どもだけではなく、不登校の子ども・学力の低い子・日本語が十分でない外国人の子ども・貧困家庭の子ども達を分けて教育するとしています。「能力を伸ばし可能性を開花させ」「一億総活躍社会の一員となる」ことを求めているのです。今回は「優れた能力のある子ども」を抽出する特別なプログラムの実施まで踏み込みました。

学校教育は、なぜこうも子どもを分けるのでしょうか。均質な集団は学校やクラスを運営しやすいし、文科省の求める教育効果が見えやすいからです。そして分けるためには、分ける基準が必要です。子どもたちは教育効果を上げるための基準に沿ってグルーピングされます。グルーピングは、序列化がされます。上位に入ると優越感を下位になると劣等感が生まれます。こうして人の優劣を定め、優秀な者にのみ存在価値を認めるという優生思想を生み出しています。かつて問題視された習熟度別指導は、今ではどの学校でも当たり前のごとく導入されてしまっています。

植松被告が、「学校に障害のある子がいた」と言っている報道がされていますが、どのように出会っていたのでしょう。詳しい状況はわかりませんが、出会い方に問題があったのだと思います。たとえ普通学校で一緒にいても、学校側が障害児と真摯に向きあわず、障害児へのいじめを放置したり、特別支援学級に分けておいて普通学級と「交流」するだけでは、障害児を別の存在として際立たせ優生思想をはびこらせることになってしまいます。

学校では、不登校やいじめが増え続けています。全国連にも「友達や先生からいじめを受けている」とか「学校に行きたがらない」という相談があります。いじめや不登校問題は子どもの側の問題だとされがちですが、学校側の問題として考えなくてはなりません。そして障害児もいじめや不登校問題のなかに含めるべきだと事件後気付かされました。障害者への差別意識を見逃してはならないからです。

内なる優生思想と対峙しながら

私達は、地域の学校で障害のある子もない子も共に学ぶことを求めてきました。できる子もできない子も一緒がいいよ、一緒にいることで感じる楽しさを共有し、一緒にいることで起こるトラブルの解決法を見つけ、一緒にいることでお互いを知り合えると思っています。

私達が「どの子も一緒がいいよ」と思うようになったのも、障害者との出会いのなかで教えられたことでした。良かれと思った日常の言動に対し障害者の視点から差別性を指摘されたこと、全障連や青い芝の会の障害者解放運動や養護学校義務化阻止の運動を知ったこと、生まれた我が子が障害児であったこと等などから内なる差別意識と向き合ってきたからです。さらに子どもは子どもと、大人は大人との同世代を生きる者としての関わりの中から、見えなかった壁も見えてきています。

私達はこれまでと同じように「できる人ほど優秀」とする価値観に抗い、津久井やまゆり園事件から見られた内なる優生思想と対峙し続けていきたいと思います。対峙し続けるためには、障害者と共にいることとです。全国連には、地域の学校で共に学ぶことを強く進めていくことが突き付けられているのだと、気持ちを引き締めています。

第5章　入所施設は重度知的障害者の生きる場か
――日本とスウェーデン

河東田　博

はじめに

二〇一六年七月二六日相模原障害者支援施設やまゆり園での（一九名の利用者が殺害され二七名が重軽傷を負った）悲惨な殺傷事件が発生して以来一年が経過した。この一年間、筆者は、亡くなられた方々への哀悼の思い、傷つけられ心に傷を負った人たちの一日も早い立ち直りへの願い、加害者（元施設職員）への怒り・憤り、どうしたら優生思想や差別意識を無くし、社会的弱者を虐待や社会的排除から守ることができるのか、どうしたら誰もが手を携えて共に生きていくことのできる社会を創り上げることができるのかを考え続けてきた。

スウェーデン生活や訪問を通して

筆者は、元重度・最重度知的障害児入所施設職員である。筆者の考え方は、ここでの取り組みの中で培われた。「（利用者の）皆さんが入所施設で暮らさなくてもよい社会づくりを目指したい」と言って一二年間働いた入所施設を辞めた。その後、約五年間スウェーデンで暮らした。その後も一年半ほどスウェーデンで暮らし、毎年のようにスウェーデンを訪問してきた。スウェーデン生活や訪問を通して、入所施設を解体できることを知った。入所施設解体事例を紹介しながら、脱施設化と地域生活支援の研究にも取り組んできた。この研究を通して、利用者が自ら望んで施設に入所したわけではないことが分かってきた。利用者の入所理由は、ほとんどが親／家族の都合によるものだったからである。また、脱施設化と地域生活支援の検討には、他者（親／家族や現場職員等関係者）の視点よりはむしろ本人（障害当事者）の視点が欠かせないことが分かってきた。脱施設化と地域生活支援に関する政策を立案する際、当事者参画が欠かせず、かつ、最も有効な手段であることも分かってきた。

相模原障害者支援施設殺傷事件への行政対応「再考」

相模原障害者支援施設殺傷事件やその後の行政対応をどう捉え、筆者がこの事件にどのように向き合おうとしてきたのかを、以下の四点に整理してみたい。

(1)今回の事件は、優生思想に基づく「障害者はいなくなればよい」という考え方が、元施設職員だけでなく、社会を構成している私たちの心の中にも植え付けられているのではないかということを気づかせてくれた。つまり、競争（弱肉強食）社会の中で無意識のうちに作り出された障害者に対する差別や偏見、弱者切捨や排除が、いじめや虐待という形で私たちの心にも宿っているのではないかということである。これまで入所施設で暮らし殺されたわが子の氏名すら公表しない（できない）のは、その表われと言える。それ故にこそ、かけがえのない隣人を殺すな！　命を守れ！と、これからも言い続けていく必要がある。

(2)二〇一六年八月二三日に厚生労働省が第二次補正予算に入所施設（グループホームなども含む）の非常通報装置・防犯カメラ・フェンスなどの設置・修繕費用として一一八億円を計上すると表明したが、このような予算措置だけでは異常な殺意を持った元施設職員（不審者）の侵入を防ぐことはできない。むしろ、このような施策は、これまで各施設が地道に行ってきた地域移行や施設の解放化・地域化への取り組みと逆行しており、閉鎖施設がますます閉鎖的となり、利用者個人のプライバシーが擁護されず、これまでのような職員中心の管理が強化されるような体制となりかねない。今回厚生労働省が行った対応措置は、従来から行われてきた施設利用者の無断外出や逃亡を防ぐための対策と同じ類のものであり、その対策を強化することにもなるからである。したがって、一一八億円の第二次補正予算は、脱施設化や地域生活支援の充実にこそ使われるべきである。時代に逆行するこのような施策を神奈川県は行うべきではない。何十億円もかけ、三〇年も四〇年も建て替えないで済む砦のような堅牢な建造物を造るべきではない。堅牢な砦の中に全個室の小集団・ユニット形式の建物を造っても意味はない。砦の中での地域住民との交流にも限界がある。つまり、現在地での全面的な建て替えでは意味がないのである。また、二〇一七年七月四日に行われた第一〇回再生基本構想策定に関する部会で議論された「現在地千木良地区に定員規模を縮小（四〇人規模）し、施設を分散化する」意見や部会長の「施設を分散化するにせよ、同園の入所者約一三〇人分の入所機能は確保したい」という提案も如何に小規模であっても入所施設が持っている構造的欠陥を打ち破ることができず、あまり意味がない。したがって、いずれの案についても障害当事者の視点に立って大幅に見直すべきである。

(3)相模原障害者支援施設殺傷事件一ヶ月後に行われたＮＨＫの緊急調査[1]で、アンケート回答者の多くが「積み上げてきた障害者施策を後退させてはならない」と記していた。それは、どんなに重い障害のある人たちも地域であたり前に暮らしたい、他の人たちと共に手を携えて生きていきたいと望んでおり、「共生社会」を共に実現させていきたいという共通の思いから出た回答だったように思う。つまり、「地域であたり前に共に生きて行くためには、障害のある人とない人が出会い、学び、理解し合える環境づくり」や「学校教育を通して共に学び」「生活の場を共有することを通して共に支え合い」「日中活動や働く場・余暇活動等を通して障害のある人たちの生き生きした姿に触れ合い・理解し合うこと」が必要であり、このような共生社会の実現に向けた動きこそが障害者大量殺傷の抑止につながるのではないかということである。

(4)今回の障害者支援施設殺傷事件を受け、逆に、共生社会が可能となるような社会的支援のあり方や施設の小規模化・脱施設化・地域生活化をはじめとする障害者施策を構築していく必要がある。脱施設化・地域生活支援のための人材確保や人材の育成も求められてくる。そもそも脱施設化が進み地域生活支援策が充実し、地域住民の理解が進んでいれば、住民相互協力と監視機能が働き、今回のような入所施設における障害者大量殺傷事件はなかったかもしれないのである。

親・家族が求める入所施設は重度知的障害者の生きる場となっているか

職員として入所施設で働いていた当時のことを思い返してみると、恵まれた労働環境下で働いていた私たち職員と管理された不自由な生活の中で暮らさざるを得なかった利用者とのギャップに気づかされる。入所施設でやむなく不自由な生活を強いられていた利用者の暮らしの実態に気づかされ、改めて心を痛めてしまう。当時筆者自身が書いたものや知人たちが書き送ってくれたものを紹介しながら、入所施設が重度知的障害者の生きる場となっていたかどうかを見ていくことにしよう。

筆者が勤務していたのは、当時東洋一（多額の税金を投入して建て、運営してきた入所施設で、素晴らしい設備・環境の下大勢の職員が働いていた）と持て囃された相模原の障害者支援施設と質的に類似した重度・最重度知的障害児入所施設であった。この入所施設のことを、筆者は、当時、次のように記していた。

「私達は親元からはなれた子ども達に本当に暖かい接し方をしているだろうか。同じ人間として、同じ仲間として、子ども達がA施設で本当に幸せな生活が送れるような環境を少しでも提供してあげることができているだろうか。私達は二四時間体制の中で、八時間勤務という限られた時間の中で一生懸命？　仕事をし、子ども達の生活を豊かにするという仕事を負わされている。自分たちの生活をも豊かにし、生活を守るという意味も含めて。しかし、どんなに努力しても、私達の思いは何故か子ども達に伝わっていかないような歯がゆさを感じている。いや、むしろ、切りすててしまっているのが現実なのではないだろうか。（略）施設生活は、子ども達にとって決してバラ色ではないような気がする。[2]」

また、知人たちは次のように語っていた[3]。

（この施設は、）「棟内に色もなく緑もない、自分の空間もない。ここは人間の住むに相応しいところでしょうか。こうも寒々とした施設をこれまで見たことがありません。」（一九九六年一一月、N氏）

「あのディールームを見た時、母親たちはどんなに辛く苦しいだろう、と思いました。別れることだけでも苦しいのに、あんな殺風景な部屋で、まるで動物園のように、それしかとる道がないのです。そして、利用者は必要以上に管理され、鍵、カギ、鍵!!　トイレに行っても素足のまま…、悲しいことでした。」（一九九六年一〇月、M氏）

さらに、二〇〇〇年頃だったように思うが、筆者は、研究者仲間数人と共に地域移行を積極的に推し進めていたある自治体の入所施設を訪問し、二日間にわたって生活体験を行ったことがある。現場に身を置き、客観的な立場で利用者の生活の実態を観察するというものだった。生活体験を記録に残したが、記述内容は、どれも似通っており、生活面での大幅な改善を求める厳しいものであった。私たちが目にした利用者の入所施設での暮らしは、プライバシーが欠如し、人間らしい生活とは程遠く、人間としての尊厳が保たれているとはいえないものだったからである。地域移行が他の入所施設よりどんなに進んでいようとも、入所部門では旧態依然とした非人間的な生活が続き、様々な問題や課題が現出していた。

二〇一〇年には、キリスト教信徒夫妻の思想と事業姿勢に共感した人たちの手によって創設された民間社会事業団体の定員五〇人の入所更生施設に調査に入ったことがある。その時の調査結果を、次のように記した。

「施設中央の入口には鍵がかかっていた。五〇人は四棟独立型の各小舎に分かれて生活しており、各小舎へは自由に出入りができるようになっていた。しかし、中央の入口を通らないと外には出られない仕組みになっていた。各小舎は、概ね二~三人共有の部屋となっていた。各小舎の運営は各小舎毎になされているのではなく、全体調整の中で職員体制を決めて対応し（略）小舎制の利点が十分に活かされていないように思えた。そのせいか、利用者は皆生気がないように見えた。（略）昼食時も、職員が少なかったためか、楽しい食事時の光景というよりは、殺風景な食事風景で、職員の対応に指示的・管理的な要素が見られた。(4)」

上記社会事業団体には、二〇人定員の障害児支援施設（児童部）と三〇人定員の障害者支援施設（成人部）も併設されており、次のような実態だった。

（どちらも同団体）「初の全個室、五～六人からなるユニット形式を採用していた。一人ひとりのプライバシーを守り、その人らしい生活を保障するために作られた新しいタイプの居住施設だった。しかし、職員配置が不十分なためか、利用者との関わりがあまり見られず、職員は雑用をこなすことに終始しているように見えた。また、利用者は依然として職員の管理下におかれているようにも見えた。さらに、大多数の利用者が何もすることがないかのごとく、無気力で、廊下をウロウロし、自由時間を有意義に過ごしているようには思えなかった。また、エネルギーにあふれる利用者が多い児童部では、管理を余儀なくされ、職員が絶えずストレスを抱えている様子が垣間見られた。総じてユニット形式故の問題と課題が表面化し、利用者への関わりの薄さ、職員の目が十分に行きとどいていない実態が垣間見られていた。(5)」

全個室ユニット形式に建て替えても、現行法制度の下では、入所施設が持つ構造的欠陥を何ら改善することができていないことが分かる。

このように、筆者が働いていた一九七〇年代半ば～一九八〇年代半ばの入所施設も、二〇〇〇年当時の地域移行先進施設でも、二〇一〇年頃の地域の中にある比較的小規模の入所施設でも、入所施設の特徴は実によく似ており、入所施設の構造的な欠陥だと結論づけることができた。

入所施設の構造的な欠陥とは何か、をスウェーデン社会庁の報告書[6]が解き明かしてくれている。つまり、入所施設は、①目に見えない、②隔離されている、③変化がなく機械的、④集中管理されている（地域で役割や期待がもてない）、⑤社会との関係がなく保護的、⑥本人の意思が尊重されず不平等、という非人間的な特異な社会（管理的・隔離的空間）だということである。そのため、このような構造的欠陥を持つ全面的建て替えによる入所施設や小規模分散策による四〇人規模の入所施設を重度知的障害者の生きる場として選んではいけないのである。

スウェーデンにおける入所施設解体と地域生活支援に向けた動き

スウェーデンで初めて入所施設解体を打ち出した法律が一九八五年に制定された精神発達遅滞者等特別援護法[7]（以下「新援護法」と略記）である。新援護法は、世界で初めて知的障害者に「自己決定権」を認めた法律でもあった。一九九四年から施行された機能障害者の援助とサービスに関する法律[8]（以下「ＬＳＳ」と略記）では、特別病院・入所施設の解体計画を一九九四年末までに策定するよう各県に命じた。一九九七年には特別病院・入所施設解体法[9]が施行され、一九九九年一二月末日までに全国の特別病院・入所施設を解体することになった。特別病院や入所施設が解体されたということは、地域生活支援策が整えられたということを意味していた。

スウェーデンの地域生活支援策には、ホームヘルプサービスなど社会サービス法に基づくものと日中活動などＬＳＳに基づくものがあるが、地域生活者一人ひとりにあった支援の内容を創り出していくためには、社会的な支援をシステムとして創り出し、機能させていく必要がある。

スウェーデンにおける重度知的障害者の生きる場を地域で保障する動き

スウェーデンの地域生活支援策には、他の人と同様の生活を保障しようとする社会的努力が見られており、今尚その努力が続けられている。それらの地域生活支援策の中から、以下三つの支援策を取り上げ、その特徴を見てみたい。

(1) 家的機能を持ったグループホーム

児童・青少年のためのグループホームは、成人（二〇歳）まで利用でき、その後は成人用グループホームに移行する。成人用グループホームには、六五歳になるまで入居することができる。六五歳以降は、高齢者用サービスハウスに隣接した高齢者用グループホームに同居者と共に移るのが一般的である。

成人用グループホームには様々なタイプのものがあり、一人用住宅や二人用住宅を組み合わせてグループホームとしているものや四～五人用グループに付属しているものもある。四人用グループホームには原則として二四時間介護の必要な重度の知的障害者が住んでおり、各自が機能的な広い空間（四〇㎡前後の台所兼食堂・居間・寝室・トイレ・浴室・ＷＣを有する「家」

的機能を持った住まい）に住むことができるようになってきている。

グループホームは四〜五人用が基本で、五〜六人の職員が配置されている。重度加算があるため、一〇人前後の職員が配置されているところもある。

(2) 自己決定を支えるパーソナルアシスタンス制度

パーソナルアシスタンスは、「障害のある人一人ひとりが自分自身の介助システムを注文・企画して、介助者の配置・計画・訓練・雇用・解雇に至るすべての決定をする」[(10)]という自己決定に基づく制度である。「直接給付型」で、余暇活動や文化活動にも適用されている。

どんなに障害が重い人たちにも適用可能な制度で、重症心身障害者の全国組織ＪＡＧ（「連帯・平等・自立」の頭文字をとって組織名としている）のメンバーもこの制度を利用し、パーソナルアシスタントの援助を受けて地域生活を送っている。この制度を有効に活用することによって、ＪＡＧのメンバーの地域生活が保障されるようになった。また、この制度を利用し、協組合を立ち上げるグループも見られるようになってきた。こうしたグループでは、メンバーが出資者となり、自ら理事会を構成し、職員を雇用して日常の仕事や活動を行っている。さらに、この制度を重度知的障害者用グループホームにも適用し、職員代わりにパーソナルアシスタントを雇ってグループホームを運営しているところもある。

(3) 友達の輪を広げるコンタクトパーソン制度

コンタクトパーソン制度は特別なサービスの一つで、LSSには「個人的関心を発達させ、自分の友達を持ち、他の人と同様の個人的ライフスタイルを持つことができるように支援するために欠かせない人的援助手段である」と明記されている。

広く家的機能を持ったグループホームで孤独な思いで暮らしている地域生活者がいる。そのような人たちに友達をつくって欲しい、社会の空気も吸って欲しいと願ってこの制度が生まれた。

コンタクトパーソンは「友達のような存在」だが、このような人がいてくれれば、重度の知的障害者でも地域生活を豊かにしていくことができる。銀行への付き添いにも使えるし、一緒にコンサートに行くなど余暇活動時にも使うことができる。このような役割をもった人を得ることによって人と人との繋がりの輪が広がっていくのではないかと期待されている。

おわりに

相模原の障害者支援施設でなされた障害者大量殺傷事件は、私たちが誰にどう寄り添っていかなければならないのかを問いかけている。無意識のうちに障害のある人たちに偏見をもち、差別し、「優生思想」と「否定的障害観」に不干渉でいる私たちへの警告でもある。

障害当事者の声（声なき声＝胸に耳をあてて心の声を聴く）[11]に心から耳を傾けていく必要がある。

そうすれば、障害の有無に関わらず、人間の関係とはどうあらねばならないのか、家族が幸せに生きることの大切さ、世の中が平和であること、お互いに人間として生きることの大切さ、愛のもろさ・はかなさ・豊かさ、差別しない・させない子育て、対等・平等の人間関係づくりの難しさ・大切さ等々をも知ることができる。

私たちが相模原の障害者支援施設の大量殺傷事件から学ぶべきことは、私たちの心に巣食う優生思想と差別意識と決別していくこと以外にない。障害当事者との長く地道な協働作業を通して、あらゆる場で当事者参画を実現させ、脱施設化・地域生活支援をさらに強力に推し進めていくことである。常に当事者の声／声なき声に耳を傾け、当事者に寄り添いながら、共生社会を実現させていくことである。その先に、優生思想からの解放と構造的欠陥をもち共生を妨げる入所施設が解体され、充実した地域での生きる場が地域生活支援悪として用意されていくものと思われる。

【注】

（1）NHK報道局社会部が二〇一六年八月二四日に行った「相模原市で起きた殺傷事件をうけたNHK緊急調査」のことで、同年八月二六日のNHK総合テレビ各種ニュースで取り上げられた。

（2）河東田博「子ども達にとって施設での生活とは？（その1）」『環』No.4 一頁 東村山福祉園・福祉を考える会 一九七八年一一月一九日

（3）N氏、M氏共、筆者が働いていたA施設に招かれて講演をした方たちだが、演者が特定されてしまうため、氏名だけでなく、引用文献も明記しない。

（4）河東田博『脱施設化と地域生活支援：スウェーデンと日本』現代書館　二〇一三年（一一八頁）

（5）同上（一一九頁）

（6）Institutionsavveckling-Utvecklingsstörda personers flyttning från vårdhem. Socialstyrelsen (1990:11)

（7）Lag om särskilda omsorger om psykiskt utvecklingsstörda m fl.: SFS 1985:568

（8）Lag om stöd och service till vissa funktionshindrade: SFS 1993:387

（9）Lag om avveckling av specialsjukhus och vårdhem: SFS 1997:724

（10）ラッカ,A.D.（河東田博・古関—ダール・瑞穂　訳）『スウェーデンにおける自立生活とパーソナル・アシスタンス』現代書館　一九九一年

（11）浅野史郎「地域での生活　偏見なくす」二〇一六年八月二六日付朝日新聞一七面「耕論」

本稿は、下記文献を使用し、適宜修正を行いながら構成した。なお、スウェーデン情報は、文献③を利用しながら補強した。

①河東田博「隣人を『排除せず』『差別せず』『共に』生きる」『季刊 福祉労働』第一五二号 四八頁～五五頁現代書館 二〇一六年（本稿一節～四節、七節）

②河東田博「スウェーデン：入所施設閉鎖と地域移行後の地域生活支援」『ノーマライゼーション』第三七巻第七号三一頁～三三頁　日本障害者リハビリテーション協会　二〇一七年（本稿五節～六節）

③河東田博『脱施設化と地域生活支援：スウェーデンと日本』現代書館　二〇一三年

第Ⅱ部

措置入院者への警察の関与を問う

治安対策としての精神保健福祉法の改悪

2017年4月25日の国会前行動と院内集会（参議院議員会館）

〈資料〉

▼安倍晋三内閣総理大臣通常国会施政方針演説

昨年七月、障害者施設での何の罪もない多くの方々の命が奪われました。決してあってはならない事件であり、断じて許せません。精神保健福祉法を改正し、措置入院患者に対して退院後も支援を継続する仕組みを設けるなど、再発防止対策をしっかりと講じてまいります。

▼二〇一七年四月一一日参議院厚生労働委員会議事録　自由民主党こころ　石井みどり議員

今回の改正案が提出された背景には、冒頭申し上げたような相模原市の障害者支援施設で発生した殺傷事件、精神保健指定医の指定の不正取得の事案がございました。これまでも、精神保健福祉施策については、今回と同様に、事件を背景として見直しが行われたこともございますが、精神保健福祉は精神疾患の患者に対して医療や福祉などを行うものであって、犯罪を防止するものではないということをはっきりと申し上げておきます。

そこで、確認をさせていただきたいと思います。そもそも医療の役割は疾病の治療や健康の回復、維持増進を図るものであり、障害者の中でもとりわけ精神疾患の患者さんには、メディカルワークを中心として、行政や精神保健福祉士など地域生活に関わる人たちを総動員して支援することで病状の安定を図り、結果として犯罪の防止につながるものと理解をしております。

第6章　社会がつくる精神障害

藤本　豊

はじめに

精神病ほど社会に都合よく利用されている病気はない。不可解な事件の犯人が精神障害者だと報道されると、社会は「やはりそうだったのか」と納得してしまう。不可解な事件の犯人が逮捕されると、そこには精神鑑定が待っている。そして、犯人が精神障害の疑いがある、あるいは精神障害者だと報道された途端に、不可解な事件から精神障害者の犯行ということで理解可能な事件へと変わってしまう。犯人が精神障害者だとされると、なぜ犯行に及んだのかといった事件の真相究明からどんどん離れ、「危険な精神障害者」から社会をどう守るかいう方向に目が叛けられていく。

安心・安全をスローガンに掲げる安倍政権は、「津久井やまゆり園」事件の翌日の塩崎厚生労働大臣の「再発防止の検討を早急に行いたい」「措置入院後のフォローの充実が必要との指摘も当然である」との発言後、いち早く国民に「危険な精神障害者」から国民を守る姿勢を前面に押し出して、この事件を政治的に利用していった。

津久井署の対応

今回の事件の経過ではいくつかの不可解な点がある。そして、そこにはいくつもの障害者への偏見が絡み合っているのが垣間見える。被告は二〇一七年二月一五日に永田町の衆議院議長公邸を訪問し、衆議院議長宛に犯行予告の手紙を届けている。その後、警視庁麹町署から神奈川県警津久井署に、その手紙の内容が伝えられたとされている。

ここで不思議なのは、犯行を予告しているのに逮捕されなかったことだ。今年の四月に「渋谷駅で無差別爆破テロを起こす」と、インターネット掲示板「2ちゃんねる」に書き込んだ疑いで容疑者が六月に逮捕された。この場合はインターネット掲示板に「渋谷駅で無差別爆破テロを起こす」と予告しただけで、偽計業務妨害容疑で警視庁渋谷署が逮捕している。衆議院議長宛の手紙には「渋谷駅で無差別爆破テロを起こす」以上に、具体的な方法が書かれている。それにもかかわらず津久井署が動かなかったのはなぜだろうか。事件の予告が「津久井やまゆり園」（以下やまゆり園）ではなく、「相模原市立〇〇小学校」なら対応は違っていたかもしれない。

この時点で渋谷事件の様な対応をしていたら、未然に防ぐことができた可能性は否定できない。それにもかかわらず、津久井署の対応の是非を問題視しないマスコミも含め、社会全体の精神障害者への偏見が少なからずあったのではないだろうか。

措置入院までの経過

措置入院までの経過は、東京新聞によると「一八日にやまゆり園職員に『重度障害者は生きていても仕方がないので、安楽死させた方が良い』と話したことで、園が津久井署に連絡している。翌一九日にやまゆり園園長が、警察官を呼んだ上で面接したが、『自分は間違っていない』と主張し退職することになった。」となっている。

厚労省の「相模原市の障害者支援施設における事件の検証及び再発防止策検討チーム」（以下検討チーム）が作成した「中間とりまとめ」では、「二月一九日（金）、施設において園長等が容疑者と面談を行ったが、その際、神奈川県津久井警察署（以下「津久井警察署」という。）は、施設側から、容疑者がどのような行動に出るか心配であるなどとして臨場依頼を受けたため、施設内で待機した。その後に、津久井警察署は、面談結果に係る施設側からの説明、本人が警察官に対して『日本国の指示があれば大量抹殺できる』などの発言を繰り返していたこと等を踏まえ、同日一二時四〇分頃に、容疑者を警察官職務執行法（昭和二三年法律第一三六号）第三条に基づき保護し、津久井警察署に同行の上、同日一四時三〇分頃に、相模原市に対し、精神保健福祉法第二三条に基づく警察官通報を行った。[1]」とある。

ここでも不思議なのは、任意での事情聴取ではなく、警察官職務執行法（以下警職法）第三条以下に基づき保護し警察官通報で措置入院の手続きを取ったのかということである。一八日のやまゆり園での発言は、一五日に衆議院議長宛の手紙の、「重度障害者施設の障害者四七〇人を抹殺する」

「職員の少ない夜間に決行し、職員は結束バンドで身動きをとれなくし、抹殺した後に自首する」との内容と一致しているわけであるから、やまゆり園から津久井署に通報があった時点で、何らかの法的手段での取り調べは可能だと思う。にもかかわらず、「日本国の指示があれば大量抹殺できる」などの発言を繰り返していたこと等を、警職法第三条の「異常な挙動」と判断し、「精神錯乱又は泥酔のため、自己又は他人の生命、身体又は財産に危害を及ぼすおそれのある者」と認定し、津久井署に保護したわけである。

本当に「精神錯乱」状態だったか

当時の状況の詳細は不明であるが、「精神錯乱」状態であれば、「立会った警官を威嚇し、興奮し大声で、日本国の指示があれば大量抹殺できると話した」などとその時の状況が、「中間とりまとめ」でもう少し詳しく報告されていると思う。しかし、その様な記載はなく、「中間とりまとめ」の記述から「精神錯乱」状態で「他人の生命、身体又は財産に危害を及ぼすおそれ」がある状況であったとは読み取れない。

その後の相模原市が対応した時点でも、「精神錯乱」状態の記載は見られない。「中間とりまとめ」では、「相模原市は、容疑者が衆議院議長に宛てた『重度障害者施設の障害者四七〇人を抹殺する』、『職員の少ない夜間に決行し、職員は結束バンドで身動きをとれなくし、抹殺した後に自首する』といった手紙の内容や、ゲームのカード等を見て手紙に記載されたような行動をとろうと思ったという容疑者の発言から、妄想様の症状によって他害行為のおそれがあると認めた。」[2]とある。

一方で、診察時の特記事項として、『世界の平和と貧困』、『日本国の指示』、『抹殺』などと言った思考が奔逸しており、また、衆議院議長公邸に手紙を渡しに行くといった衝動性、興奮、また気分も高揚し、被刺激性も亢進しており、それら精神症状の影響により、他害に至るおそれが著しく高いと判断されるため、措置入院を必要とした」[3]とある。検討チームも「実際に衆議院議長公邸に手紙を渡しに行くといった脱規範的な行動を認めたことから、緊急措置診察を行った指定医は躁病による躁状態を疑い、精神障害であると判断したものと考えられる。」[4]とし、診察の四日前に遡って衆議院議長公邸に手紙を渡した行為を「指定医は躁病による躁状態」と認定している。しかし「実際に衆議院議長公邸に手紙を渡しに行く」のが「脱規範的な行動」であり、「躁病による躁状態」の「精神錯乱」状態といえるのだろうか。

一般に措置入院は、「幻覚妄想がある」「家族に暴力をふるう」「自殺をほのめかすなど自傷行為がある」「夜中に騒ぐ」など、誰がみても「精神錯乱」状態で、家族や施設職員の手に余るために警察官通報や夜間精神科救急外来などの窓口を通しての場合が多い。

措置入院の基準とは

措置入院の判定基準に該当する部分は以下の項目である。

「病状又は状態像としては、躁状態。自傷行為又は他害行為のおそれの認定に関する事項としては、爽快感、易怒的、刺激的な昂揚感等の躁的感情、自我感情の肥大、思考面での観念奔逸、行動面での運動興奮等がみられ、これに躁的な内容の誇大等の妄想を伴うことがしばしばあることから、このような病状又は状態像にある精神障害者は、思考及び運動の抑制が減弱又は欠如し、傲慢不そんな態度が度を超す結果、自傷行為又は他害行為を行うことがある。原因となる主な精神障害の例示としては、躁うつ病圏 精神分裂病圏 症状性又は器質性精神障害 等」[5]

措置入院の基準には具体的な状態像はあるが、その程度の基準は曖昧だ。どの程度怒ったら易怒性が高いとされるのだろうか。例えば国会議員が秘書に対して「この、ハゲェっ！　ちーがーうだろぉ」と車内で叫んだのはどうだろうか。道を間違えた秘書を怒っただけだから許される範囲だと、社会通念や社会一般の常識に照らし合わせて「易怒性」を判断するとしたら、合理性に欠け恣意的になる可能性が拭いきれない。

この様に考えると措置入院の判定基準の「爽快感、易怒的、刺激的な昂揚感等の躁的感情、自我感情の肥大という」診断基準に、身体疾患の様な明確な基準は存在しない。例えば、乳がんのステージⅠは「しこりの直径が2㎝以下で、リンパ節へ転移がない」とされ、誰が見ても明確であり医者によって診断の誤差は少ないといえる。

今回の措置入院時の診断でも、第一指定医は主たる精神障害を「大麻精神病」、従たる精神障害を「非社会性パーソナリティー障害」と診断し、第二指定医は主たる精神障害を「妄想性障害」、従たる精神障害を「薬物性精神病性障害」と診断し、二名の指定医の診断名が異なっている。そのことからも、身体疾患の様な明確な診断基準が、措置入院の判定基準にないことがわかる。

曖昧な精神科の診断基準

精神科の診断基準の曖昧さは、措置入院だけではない。病名の診断においても身体疾患の診断基準のような可視的な基準は存在しないと言っても過言ではない。

身体疾患の診断をするには、症状から原因を特定して診断名を付けることになる。高熱が続いた時は、症状である「高熱」の原因を診察によって絞り込み、検査でインフルエンザウイルが検出されれば、インフルエンザの診断名が付く。レントゲンで肺に炎症が認められれば「肺炎」の診断名が付くわけである。この場合は診断した医師によって、診断名が異なることはない。

一方精神科では、今回の事件の措置入院時の診断でも第一指定医は「大麻精神病」とし、第二指定医は「妄想性障害」と診断し二名の指定医の診断名が異なっているように、医師によって診断が異なることは稀ではない。主治医が変わるたびに、ボーダーラインパーソナリティー↓双極性障害↓アスペルガー↓心因反応↓情緒不安性パーソナリティーとの診断を受けていた人がいた。この様に医師によって診断が違うことは精神科では良くあることと言っても過言ではない。

ＤＳＭという基準

精神科の場合は、精神疾患の原因が特定されていないことから、症状だけで診断し病名を付けている。この診断には、WHOが作成したICD―10（国際疾病分類第10版）や、アメリカ精神医学会が作成したDSM―5診断基準が使われている。

そのDSM―5による精神疾患の定義を要約すると「精神疾患とは、精神機能の機能不全であり、文化的に許容された反応は精神疾患ではない。また、社会的に逸脱した行動であっても精神機能の機能不全の結果でなければ、精神疾患ではない」となる。精神疾患はあくまで「精神機能の機能不全」だとしている。そして、「多くの精神疾患について明確な生物学的マーカーまたは重症度の評価に有用な臨床尺度がないことから、診断基準に示された正常と病理症状の表現を完全にわけることはいまだできない」[6]とある。これに照らして考えると、診察時の特記事項として、「『世界の平和と貧困』、『日本国の指示』、『抹殺』などと言った思考が奔逸しており、（略）衝動性、興奮、また気分も高揚し、被刺激性も亢進しており、それら精神症状の影響により、他害に至るおそれが著しく高い」が「病理症状の表現」であるとは言えない可能性もある。

具体的な診断は次の様になっている。パーソナリティー障害の場合は、その診断基準である四項目のうち二項目に該当すると、パーソナリティー障害と診断される。この様に、「生物学的検査が欠如していることは、精神医学のきわめて大きな弱点である。どんな診断もどうしても誤りがちで二転三転しやすい主観的な判断に基づく」[7]診断となっている。さらに、「病気の定義がずっとゆるやかになって、健康だと見なされにくくなっているにすぎない」[8]ということから、精神疾患の診断基準はその定義が曖昧といえる。

代表的な精神疾患の統合失調症であっても、「統合失調症という概念には思考の解体というのがある。支離滅裂な会話があったり行動があればすべて統合失調症と診断してしまう。これらはすべて精神科医の主観により決まり、科学的な根拠は一切なく、提示できるデータもない。[9]」というように、「科学的」な診断基準が存在しないのは明白である。当事者である吉田おさみは「狂人―健常者の区別は流動的かつ相対的なものであって、そしてすべての人間が健常者にも狂人にもなり得る人間として存在しているといえます。[10]」と述べている。さらに、「ある人が〝おかしい〟と精神病院に連れてこられる過程に注目した場合、社会のとり決め＝規範に対する違反があったことが最大の理由となっています。[11]」と、精神病は社会との関係によって作られていると指摘している。アレン・フランシスも「政界や法曹界の大物たちのために精神医学が悪用されるのは、なんとしても阻止しなければならない[12]」と、精神病が社会に利用される危険性を説いている。そして、「また、DSM―Ⅲ以前、診断は少なすぎた―いまでは診断がインフレを起こし、あまりにも多すぎる[13]」と診断基準が広がることで精神疾患と診断される人が増えていることを危惧している。

「反社会性人格障害」は病気？

狭義の精神疾患である統合失調症でも、「科学的」根拠による診断ではなく、社会との関係での診断になっている。ということは、今回の措置入院に該当するとされた「反社会性人格障害」については、その診断名からしても社会との関係の中での診断となっている可能性がある。ハーブ・カチンスらは、「境界性パーソナリティー障害」(BPD：Borderline personality disorder) とは『やっかいな患者』をさす隠語なのだ」[14]、「頼りない経験的根拠と不明瞭で融通無碍な境界からなる診断は、いともたやすく歪められて乱用される。[15]」と診断の乱用に警鐘を鳴らしている。

「境界性パーソナリティー障害」とは、「非社会性パーソナリティー障害」と同様の「パーソナリティー障害」のカテゴリーに属している。「パーソナリティー障害」は、一九七〇年代ごろまで「精神病質」と言われていた。「精神病質」の歴史は古く一八三〇年代にイギリスのJ.C.Prichardによってmoral insanity（背徳症）として打ち出されたとされている。[16]ミッシェル・フーコは、一八世紀に「強情な訴訟狂」「ひどく訴訟好きな男」「昼夜、放歌して他人を驚かせ、ひどく恐ろしい瀆神的言辞をはく男」ビラを貼って人を誹謗する男」「ひどい嘘つき」などが、「精神の乱れ」のために監禁されていたとしている。[17]

この様にみると、「精神病質概念とは、精神科医たちが当時の社会防衛的ニードの高まりを先読みして作り出した、人間の抑圧と選別のための方法であると言いきって過言でない[18]」と西山が述べるように、時の社会に不都合な人間を「精神病質」「パーソナリティー障害」と診断することで、「精神障害」と括り社会から排除してきたと言える。

精神障害は社会との関係でつくられる

今まで見てきたように、精神障害は吉田が「社会のとり決め＝規範に対する違反があったこと」と指摘するように、社会との関係で作られているといえる。つまり、前後の文脈やその人の置かれ

窃盗	詐欺	強姦・強制わいせつ	放火	その他
131,490	10,489	3,521	598	51,824
1,504	146	70	104	855
870	78	45	50	459
634	68	25	54	396
1%	1%	2%	17%	2%
1%	1%	1%	8%	1%

ている状況に照らし合わせて、その行動を理解することが出来ないと「正常ではない」と判断されるわけだ。小島よしおが水着姿でテレビに出ているのは、お笑い芸人の小島よしおとして、社会に認められているからだ。その彼が水着姿で仮に、国会議事堂の周辺に現れても、警官に職務質問される可能性は少ない。しかし、小島よしお以外の人が水着姿で国会議事堂の周辺に現れたら水着姿の変な人と奇異の目で見られ、場合によっては職務質問されることもありえる。

社会の許容範囲が狭くなっている中で、自分と違う他者を排除する傾向が強くなっている。そして、合理的に排除する理由付けに精神疾患が使われるようになり、精神疾患の概念が広がっている。二〇一三年に改訂されたＤＳＭ―５では、新たに「ため込み症」が加わった。このことから、ごみ屋敷の住人が「ため込み症」と診断されると、「ちょっと変だと思っていたら、精神の病気だったのね」と社会も納得してしまう。

見失われる精神医療の問題

今回の事件も当初に、衆議院議長公邸に手紙を持っていくのは「精神障害」だから、実際に事件が起こることはないだろうし、精神障害者なら措置入院させればいいとの予断と偏見があったのではないだろうか。しかし、不幸にして事件が起こってしまった。今回の事件に限らず、凄惨

2014年犯罪白書より

区　　分	総数	殺人	強盗	傷害・暴行	脅迫
検挙人員総数（A）	251,115	967	2,096	47,404	2,726
精神障害者等（B）	3,834	124	78	868	85
精神障害者	2,158	58	48	512	38
精神障害の疑いのある者	1,676	66	30	356	47
B／A（%）	2%	13%	4%	2%	3%
精神障害者／A（%）注	1%	6%	2%	1%	1%

注：この項目は筆者が作成

な事件の犯人に精神科通院歴があると、事件の原因を探ることなく精神障害者に焦点化した報道となる。古くは一九六四年に少年がライシャワー駐日大使を襲ったライシャワー事件、一九八〇年の新宿西口バス放火事件、一九九七年の神戸連続児童殺傷事件、二〇〇〇年西鉄バスジャック事件など、精神障害者が起こした事件が起こるたびに「危険な精神障害者」を厳重に取り締まる必要性が叫ばれてくる。そして、二〇〇一年の池田小学校事件を契機に、十分な審議もないまま医療観察法が制定された。

確かに精神障害者が引き起こした事件には凄惨な事件もある。しかし、犯罪白書からもわかる様に、精神障害者の引き起こした事件が多くないことがわかる。

そして、今回の事件も精神障害者による犯行であると確証がない翌日、塩崎厚生労働大臣は「再発防止の検討を早急に行いたい」「措置入院後のフォローの充実が必要との指摘も当然ある」と発言した。この発言に対し「精神障害者による犯行であると確証がない」のに、なぜ「措置入院後のフォローの充実が必要」か、との報道は見られなかった。社会がこの時点で「この様な凄惨な事件は精神障害者の犯行であり、精神障害者の犯罪を予防するためには、措置入院後のフォローの充実が必要だ」

との予断と偏見が生じていたと言える。その流れは、精神医療福祉の専門職で構成された「検討チーム」でも変えることが出来ないほどの政治的状況になっていた。その結果、措置入院をするような「危険な精神障害者」が、退院後も他害事件を起こさないためにしっかり見張る必要があるとされ、措置入院者は退院後に警察と連携した地域がケアを行うことで不幸な事件が防げるとの視点で、精神保健福祉法改正が行われようとしている。

悲惨な事件が起こるたびに「危険な精神障害者」を取り締れといった短絡的な流れが作られ、安易な身体拘束や、病棟から一歩も出ることが出来ない閉鎖病棟の存在など人権を無視している精神医療の抱える本質的な問題が見失われている。今年四月末にニュージーランド人の男性が精神科病院に措置入院中に身体拘束された結果、心肺停止の状態となり数日後に死亡した事件があったが大きく報道されることはなかった。この様に精神医療の負の部分は報道されず、精神障害者が起こした事件のみセンセーショナルに扱われる現状が存在する理由をしっかりと考え、精神障害への予断と偏見を解消する方法を考えて行くことが、社会に問われていることだと言える。

【引用文献】
（1）二〇一六「相模原市の障害者支援施設における事件の検証及び再発防止策検討チーム」の中間とりまとめ　六頁
（2）前掲（1）七頁

（３）前掲（１）八頁
（４）前掲（１）八頁
（５）昭和六三年四月八日厚生省告示第一二五号の「精神保健及び精神障害者福祉関する法律第二八条の二第一項
（６）日本精神神経学会（二〇一四）ＤＳＭ―５精神疾患の分類と診断の手引き」日本精神神経学会編　医学書院　六頁
（７）アレン・フランシス（二〇一三）〈正常〉を救え　講談社　四四頁
（８）前掲（７）一四三頁
（９）内海聡　（二〇一二）精神科は今日もやりたい放題　三五館　一五三頁
（10）吉田おさみ　（一九八〇）〝狂気〟からの反撃　新泉社　二一四頁
（11）前掲（10）二三頁
（12）前掲（６）五六頁
（13）前掲（６）六三頁
（14）二〇〇二　ハーブ・カチンス　精神疾患はつくられる　日本評論社　二五一頁
（15）前掲（14）二五二頁
（16）一九七四　精神神経学会　精神神経学雑誌　精神神経学会76―1　二頁
（17）一九七五　ミッシェル・フーコー　狂気の歴史　新潮社　一五八頁
（18）前掲（16）三頁

第7章　措置入院という社会的障壁

池原　毅和

立法動機に滲み出る精神障害者差別

津久井やまゆり園事件から二週間たらずの二〇一六年八月一〇日には、事件の原因が精神障害者に対する措置入院制度のあり方にあったという想定に基づいて、厚生労働省が「相模原市の障害者支援施設における事件の検証及び再発防止検討チーム」第一回会議を開催し、その約一か月後の同年九月一四日には、措置入院中の診察、措置入院解除時および解除後の対応に問題があり検討が必要であるとする中間とりまとめが発表された。それから約三か月後の同年一二月八日には「報告書～再発防止策の提言～」（以下「再発防止報告書」）が発表された。同報告書は措置入院者が関係する犯罪事件の再発防止を目的とし、「医療・保健・福祉・生活面での支援を継続的に受けられる確実な仕組みがあれば、事件の発生を防ぐことができていた可能性がある」としている（同報告書四頁）。この認識から同報告書は「医療・保健・福祉・生活面での支援」を用いて犯罪の再発を防ぐシステムを作ることを提言した。そして、政府提案の措置入院の改正案はこの提言にそった内容になっている。

犯罪原因にはさまざまな要素が複雑に絡み合っているはずであるのに、ほとんど直感的か反射的に津久井やまゆり園事件の原因が措置入院の不備にあり、その改正が必要であるとする政府とこれに呼応する医療福祉法律関係者の動きは、皮肉なことに彼らもこの事件の犯人とされている植松被告人と同様の根深い障害者差別を共有していることを示している。

第一に、彼らは、措置入院者は植松被告人と同様の犯罪を犯しうる犯罪予備軍だと見なしているのである。措置入院者が植松被告人と同様の犯罪を犯しうる可能性がないのであれば、措置入院者を対象にした「再発防止」策を検討する必要はもともとないことになるからである。そしてこの想定は措置入院制度を医療のための制度から犯罪抑止のための制度に転換させることを意味している。措置入院は自傷他害のおそれがある精神障害者を対象にした強制入院制度であるが、他害とは刑罰法令に触れる程度の行為と解されていて[1]、換言すれば自傷他害は自分を傷つけまたは刑罰法令に触れる行為を行う可能性ということになっていた。このため措置入院は刑罰法令に触れる行為を行う可能性の段階で対象者を強制収容する治安のための制度として濫用される危険性を常に内包した制度であり、それが自由で民主的な社会を損なうことがないように厳格に限定する防波堤が求められてきた。

犯罪行為の可能性の段階で自由を剥奪する制度から自由で民主的な社会を守る第一の防波堤は、その制度は「精神障害者」という特殊な集団にしか適用せず、一般市民には波及させないということである。しかし、この防波堤は、その内側の一般市民社会が自由剥奪の危険に晒されないようにするという点では自分が精神障害者でない者には自由社会で生活することを保障する役割を果たすが、逆に防波堤の外側に追いやられる精神障害者については、いつ犯罪行為を行う可能性があると判断されて自由を剥奪されるともしれない状態に置き、自由社会の一員としての自由は保障しないことを意味している。障害者権利条約一四条は、既存社会におけるこの自由の保障と剥奪の不平等性を暴き出して障害に基づいて自由を剥奪することを禁止している。これに対して、再発防止報告書とこれを基にした措置入院改正案は、措置入院制度を公然と犯罪防止のための制度と位置づけ、精神障害者に対する特殊な自由剥奪を強化する差別増強政策になっている。

犯罪行為の可能性の段階で自由剥奪を認める制度の濫用から自由で民主的な社会を守る第二の防波堤は犯罪行為を行う可能性の評価を厳格化することである。精神障害者はそれ以外の者には適用されない差別的な自由剥奪制度である措置入院の対象とされる可能性に常に晒されなければならないのだが、せめてもそれを限定しようとする努力が自傷他害の「おそれ」を診断時現在の症状から治療的介入をしないと直ちに自傷他害行為が生じると判断できることを要件とすることであった。もしこの現在症状に基づく判断を離れて未来の可能性の領域に踏み込むと予測精度が低下することは当然だが、そればかりか相当に精度の高い判断であっても大量の「偽陽性者」が生じ、本当は犯罪を行わないのに犯罪を犯すとして自由を剥奪される犠牲者を大量に生みだすことになってしまう。(2) 現在症状が他害行為を生じさせるものであるとしても、それは将来における他害行為の可能性まで基礎づけるものではない。措置入院者を犯罪予備軍とみなし、将来における犯罪行為の再発防止が必要であるとする再発防止報告書とそれに基づく措置入院改正案は、「自傷他害のおそれ」を現在症状の判断に限定する従来の枠組みを超えて、その判断を長期的な将来予測に転換させる新たな枠組みを作り上げることになる。この点では再発防止報告書とそれに基づく措置入院改正案は一般の自由社会の自由保障の埒外に置かれた精神障害者のせめてもの自由保障の砦であった「自傷他害のおそれ」要件の限定をはずす方向性を打ち出すものであり、自由保障の差別性と社会的排除をさらに拡大することを目指すものである。

しかも第二に、彼らは、客観的根拠なしに、つまり自分たちの頭の中の固定観念あるいは偏見に基づいて措置入院者は犯罪予備軍だとみなしている。再発防止報告書は、「症状消退届を作成する措置入院先病院において、退院後の支援のあり方について、十分に検討が行われていない実態が明らかとなった」（七頁）として事件の起きた相模原市と同様に措置入院退院後の医療等の支援を継続させる仕組みが不十分な自治体が多数ある実態を指摘し、また、「薬物使用に関連する精神障害について十分な診療経験を有する医師にとっては当たり前である治療方針等の知見が、一般的な精神科救急の現場に普及していないことが明らかとなった」（一三頁）として措置入院中の診療内容の不備を指摘し、さらに、関係機関等の協力について「措置診察の必要性を判断する際に、精神保健福祉センターの指定医等に相談することを定めたマニュアルを作成している地方自治体は、調査した一七自治体のうち八自治体であ」るなどのばらつきがあり、「措置入院の過程で認知された犯罪が疑われる具体的な情報について、地域の関係者間での円滑な共有のあり方が必ずしも協議されていないことが明らかとなった」（一五頁）などと指摘している。しかし、これらのいわゆる措置入院制度の「不備」の結果として、全国調査をしたにもかかわらず、津久井やまゆり園事件以外にはその「不備」が原因になって犯罪が起こった事実は報告されていないのである。つまりこうした「不備」と犯罪を結び付ける客観的な事実はなく、その結び付けは検討チームや政府関係者の頭の中に存在する固定観念による連想という形でしか存在しない。その連想は精神障害差別そのものというほかない。

第三に、この差別的な連想は措置入院者は医療から離れると内発的に犯罪に陥っていくという図式を前提にしている。再発防止報告書は犯罪の再発防止のためには「措置入院者が退院後に切れ目なく必要な医療等の支援を受けられるようにする」（九項）ことが重要であるとしているが、それは医療等の支援の切れ目が生じると措置入院者は犯罪へと陥ってしまうという図式を前提にするものである。この観念図式は精神障害者を野放しにするなという露骨な差別的態度を少し上品に化粧直しして述べたものにすぎない。しかし、この観念図式は精神障害者とりわけ措置入院になった者を身近から排除したいという一般市民の意識を強化して社会的排除をさらに推し進め、精神障害と犯罪原因をいずれも個人の問題に矮小化させて社会的視点を失わせ、さらに、医療・福祉の役割を犯罪抑止の役割へと転換させる作用を果たすことになる。

包容化（インクルージョン）を阻む社会的障壁

障害者権利条約三条ｃは、社会への完全かつ効果的な包容（full and effective inclusion in society）を条約の一般原則の一つとして規定し、一九条はこれを受けて、地域社会に包容化され平等の選択の機会を持って地域社会で生活する権利を保障している。障害者基本法三条二号でも再確認された「どこでだれと生活するかについての選択の機会」の保障を含めて障害者権利条約一九条は「特定の生活施設で生活する義務を負わないこと」[3]も定めている。包容化は障害者権利条約三条dの差異の尊重と多様性の一部としての障害者の受入れを地域社会に引き直して概念化したものと理解できる。人間は多様性に富んでおり、皮膚の色や言語、宗教、信条が異なり、性的志向性がさまざまで、障害の存否や状態もさまざまな人々が混在してこそ本来の人間社会であり、人間の多様性と差異に寛容さを失う社会はノーマルではなく弱くもろい社会である。[4]差異の尊重と多様性の受入れは、障害のある人の心身がそのままの状態で尊重されなければならないとするインテグリティーの権利（障害者権利条約一七条）によって具体的な権利として保障されている。インテグリティーの権利は、医学モデルの下で障害のある心身は治療され、改善され、矯正されるべきものとされ続け、ひたすら否定的な評価の対象とされてきた歴史[5]に対して、医学モデルの基礎にある非障害者文化に依拠した心身規範と単純な医学的一元論[6]、多数派である非障害者の圧倒的な数の力で人間の差異と多様性に対する想像力と寛容性を欠いた横暴な効率主義や産業化された能力主義に対抗して、障害のある心身を障害のない心身と等価値の状態として復権させ、その不可侵性を保障するものである。

精神障害のある人の包容化を阻むもっとも深刻な社会的障壁は、これらの人々に対する強制入院制度と法的能力の否定である。そのため障害者権利条約は障害を理由とする自由の剥奪を禁止し（一四条）、さらに、法的能力の平等性を保障している（一二条）。[7]

措置入院の改正案の問題点

(1) 医療福祉関係機関の警察出先機関化と治安総動員体制

措置入院の改正案の柱は退院後に医療等の継続的な支援を確実に受けられるようにすることである。これはすでに指摘した再発防止報告書の「医療・保健・福祉・生活面での支援を継続的に受けられる確実な仕組みがあれば、事件の発生を防ぐことができていた可能性がある」という認識をもとに、措置入院者を犯罪予備軍とみなし、医療等の支援の切れ目が生じると措置入院者は犯罪へと陥ってしまうという観念図式を前提にして、あらたな医療等による無期限の切れ目ない確実な監視と介入の仕組みを構築するものである。改正案は「支援」という言葉を使っているが、その立法動機あるいは目的において犯罪の再発防止を図ろうとするものであり、その内容としても措置入院退院者の意向や意思に基づくことなく、本人の情報を警察を含む関係行政機関等で共有化してしまい、本人の移転先も追跡して移転先自治体にも通知をすることになっており、切れ目のない監視、介入体制を作り上げるものである。

また、精神障害者支援地域協議会代表者会議には警察も参加し、いわゆるグレーゾーンと言われる、「確固たる信念をもって犯罪を企画する者」あるいは「違法薬物使用者」を発見した時は、都道府県が警察署に情報提供することが予定されている。これは医療福祉機関が犯罪防止の出先機関として役割を負わされることを意味している。この役割により措置入院制度の第一の機能は犯罪行為を未然に防ぐものとなり、医療福祉関係者の第一の責務も犯罪防止に奉仕することになる。犯罪防止に向けた医療福祉関係者の総動員体制が、措置入院退院者に医療等を継続的に確実に受けさせる仕組によって作り上げられることになる。

医療福祉機関の警察出先機関化と医療福祉関係者の治安総動員体制によって犯罪現象一般はもちろんのこと措置入院退院者による数少ない犯罪も減少することにはならないだろう。というのは措置入院の「不備」が措置入院退院者の犯罪の原因になったという実証的な事実は、津久井やまゆり園事件しかなく、その事件さえも、医療福祉関係者の治安総動員体制が敷かれていたら、具体的にどの時点でどのような介入によって防げたかという検証はまったくされていないからである。(8)

反面で、医療福祉機関の警察出先機関化と医療福祉関係者の治安総動員体制は、対象とされる措置入院退院者には甚大な損失を与えることになる。措置入院などの強制入院が対象者に深い苦痛とトラウマを与え、精神医療を怖れ嫌忌するようにさせる強力な反治療的作用をもたらすことはよく見られることである。(9) 措置入院退院後においてまでも医療等を無期限に継続的に確実に受けさせる仕組みは、その作用をさらに増幅させる。また、こうした仕組みの対象とされていることは、その者が医療等を中断すればいつ犯罪を行うとも知れない危険な者であるという烙印を押し、社会の差別と排除を強化し、さらに、対象者本人に否定的な自己像やセルフ・スティグマを形成させることになる。そして、医療福祉関係者が治安体制に組み込まれることによって、患者・クライアントと医療福祉関係者の基軸を形成している、患者・クライアントと専門職の他からの介入を許さない親密な内的信頼関係はなくなり、治療関係、支援関係は表面を繕うような見せかけの欺瞞的な関係に堕することになる。その関係の下では真の治療同盟や支援援助関係は形成されない。加えて、この仕組みは障害者権利条約が差別であり人権侵害であるとして禁止している強制入院にさらに強制的な介入を上乗せするものであるから、障害者権利条約と人権の世界的水準から到底許されない仕組みということになる。

⑵ 本人不在の退院後支援計画

措置入院改正案では、退院後にも医療等を継続的に確実に受けさせる仕組みの前提として、措置入院中から措置を行った都道府県、政令指定都市が通院先の医療機関等と協議して「退院後支援計画」を作成し、また、精神障害者支援地域協議会において退院後支援計画の作成や実施に係る連絡調整を行うこととされている。しかし、肝心の患者本人の参加や、ましてや、患者本人が中心となってこの計画を作成することなどはまったく考えられていない。

これに対して、特別報告官報告書は、到達可能な最高水準の健康を享受する権利の観点からも、不同意の医療行為を廃絶し、患者本人の意思に基づく医療に転換していくことを求めている。

また、障害者権利条約三条aは、個人の自律（自ら選択する事由を含む）を一般原則の最初に掲げ、同二五条は保健サービス従事者の義務として、「障害者の人権、尊厳、自律及びニーズに関する意識を高めることにより、他の者と同一の質の医療（例えば、事情を知らされた上での自由な同意を基礎とした医療）を障害者に提供する」ことを求めている。

本人不在の「退院後支援計画」は、自由の剥奪後に自由の制限を加重し、さらに、自己の健康と生活のあり方についての自律性を制約する。そして、こうした制約は精神障害者に限って行われるものである点で差別的取り扱いにもなる。このような仕組みが障害者権利条約により許されないことは明らかである。

(3) 入院をさせない仕組み

厚生労働省は、退院促進や地域移行支援を進めることが重要であり、今までの精神医療福祉を変えていく要になると考えているようである。しかし、問題はむしろ入院をさせない仕組みをどう作るかである。有名なバザーリア法は新規入院を禁止することで精神科病院を閉鎖へと向かわせたが、そこまでラディカルな政策でなくても、日本政府は国連から幾度となく入院に代わる別の方法(alternative)を充実させることを要請されている。[10] 入院の必要性があるほど危機的な状況にならないような安心して地域で暮らし、信頼していつでも受診できる医療機関やレスパイトなどができる安全地帯があれば、そのような資源は同時に、退院者の受け入れも可能である。特別報告官報告書は、精神疾患についても特殊な精神科病院ではなく、地域の一般的なプライマリ・ケアや総合診療科などの受診で対処できるようにし、精神医療を特殊化せずむしろ一般化していくことが重要であると指摘している。精神科病院の入り口を塞がずに退院後の受け入れ先のみを考えても入院者が減少しない限り本質的な解決にはならない。

おわりに

日本の精神科医療は、障害者権利条約に照らしても健康の権利に関する特別報告官の報告に照らしても、世界の動きに真っ向から逆行し、人権侵害を拡大し、反治療的効果を蔓延させて人々の精神的健康を損なう方向に向かっている。さらに、医療福祉機関の警察出先機関化と医療福祉関係者の治安総動員体制は、精神医療福祉の分野における治療・援助関係の根本を蝕むだけでなく、社会全体の監視社会化、刑罰国家化を促進するものにもなる。措置入院制度の改正は蟻の一穴のように見えるが、それがもたらす未来への影響は計り知れないものがある。多くの市民がこの問題を共通の課題として反対していくことが極めて重要である。

【注】

(1) 昭和六三年四月八日厚生省告示第一二五号

(2) 例えば、精神障害者一千人のうち一人が他害行為を犯すとして(犯罪白書によれば刑法犯を犯したとして検挙された精神障害者は約二三〇〇人であるが、障害者白書によれば精神障害者総数は約三九〇万人であるから実際には一万人に六人に満たない割合)、他害行為の将来予測に九五%の実際の予測法よりはるかに高い正確性があると仮定して、一〇万人の精神障害者を対象にテストをした場合、他害行為をするであろう一〇〇人（100,000×1/1,000）のうち九五人（100×95%）が措置入院になるが、他害行為をしない九万九九〇〇人（10,00,00-100）のうち四九九五人も危険性あり（99,900×5%）として措置入院されることになってしまう（『精神保健法の鑑定と審査―指定医のための理論と実際―』（西山詮、新興医学出版、八二―八五頁）。

（3）ここで「義務を負わない」と訳されているのは、"are not obliged to"が英語原文であり、社会的入院のように、事実上、他の生活のあり方を選ぶ余地がない状態を含む。

（4）国際障害者年行動計画（一九八〇年）では、「ある社会がその構成員のいくらかの人々を閉め出すような場合、それは弱くもろい社会なのである。」という有名なフレーズがある

（5）国際障害コーカス（ＩＤＣ）が障害者条約審議の第五回アドホック委員会において提出した討議資料は次のように述べている。「障害のある私たちは長きにわたって、強制的介入はレイノやその他の拷問に匹敵する私たちの精神と身体のインテグリティーを深刻に侵害するものであると考えてきた。拷問等禁止条約の定義は、拷問の一つの意図として差別を含めており、それは明らかに障害の文脈に関係している。その犠牲者の人格を消し去り、あるいは身体的、精神的能力を傷つけることに向けられた諸処置は米州拷問禁止条約と主要な評釈者によっても拷問とみなされている。障害のある人に用いられる強制的介入はこのカテゴリーに該当するものが多い。なぜならそれらは、望ましくないものとみられる当該個人の能力を減殺し、あるいは、障害のある人に障害者としてのアイデンティティーを放棄させ非障害者のまねをさせようとするものだからである。」

（6）到達可能な最高水準の健康を各人が享受する権利に関する特別報告官報告書（二〇一七年三月

二八日、A/HRC/35/21、以下「特別報告官報告書」）は、精神障害という状態は複雑な現象であるのに、脳内の神経伝達物質のアンバランスが精神障害の唯一の原因であるかのように原因を単純化して説明する科学的装いをまとった仮説（reductionist biomedical model）が、合意形成よりは薬物的介入に優先度を与え、強制的医療介入や強制入院を誘発する要因になっていることを指摘している。また、「ＩＣＤやＤＳＭのような診断ツールは、しばしば確実な科学的基礎づけなしに個別診断のパラメーターを拡張し続けている。診断カテゴリーの過度な拡張は人間の多様性の受容を狭めていく方向へと導くことで人間的な感情のこもった経験を侵食していくと警告する批判的見解がある」（para. 18）と指摘している。

（7）強制入院制度の差別性については既に述べたが、強制入院の反治療性への視点も重要である。「入院」あるいは「治療」という言葉は語感として「悪い状態を良くしていく」という先入観を与えてしまう。しかし、強制入院が反治療的で非人道的な作用を果たすことはしばしば指摘されている。例えば、障害者権利条約一二条の一般的意見は、「精神科及びその他の保健医療専門家による強制治療は、法律の前における平等な承認の権利の侵害であり、個人のインテグリティーの権利（第一七条）、拷問からの自由（第一五条）、そして暴力、搾取及び虐待からの自由（第一六条）に対する違反行為である。この慣習は、人が医学的治療を選択する法的能力を否定し、それゆえ、条約第一二条の侵害である。……強制治療は、精神障害（psychosocial disability）、知的障害及びその他の認知障害のある人にとって、特に問題となる。強制治療は、効果がないことを示す経験的証拠と、強制治療の結果、深い苦痛とトラウマを経験したメンタルヘルス制度利用者の意見にもかかわらず、世界各地の精神保健法にみられる現在も進行している侵害行為であることから、締約国は、強制治療を容認し、あるいは実行する政策と法的規定を廃止しなければならない。」（para. 38）としている。なお、一四条ガイドライン、para.8, 10, 11 も一二条と一四条がともに非自発的医療の禁止を定めていることを確認している。「特別報告官報告書」para. 31は、「法的能力の否定は、しばしば自由の剥奪と強制的な医療介入につながり、それは恣意的拘禁および残虐な非人道的な、品位を傷つける取り扱いの禁止に関する問題のみならず、健康の権利についての問題も引き起こすことになる」と指摘している（一般的意見は日本リハビリテーション協会仮訳に依拠した。）。

(8) 再発防止報告書はわずかに「医療・保健・福祉・生活面での支援を継続的に受けられる確実な仕組みがあれば、事件の発生を防ぐことができていた可能性がある」と指摘しているだけで、どのような仕組みがどの時点でどのように作用することによって事件の発生を防げたことになるのかは、まったく検証していない。

(9) 特別報告管報告para.65は、強制を用いることで、不信を惹起し、スティグマと差別を強化させ、精神保健サービスに助けを求めることを怖れさせ、多くの人をむしろ精神医療から遠ざけることになっていると指摘している。

(10) 自由権規約員会は二〇一七年七月、日本政府に対して「非常に多くの精神障害者が極めて広汎な要件で、そして自らの権利侵害に異議申し立てする有効な救済手段へのアクセスなしに非自発的入院を強いられていること、また代替サービスの欠如により入院が不要に長期化していると報告されていることを懸念する」と述べ、拷問等禁止委員会は二〇一三年五月、日本政府に対し「精神障害者の入院に対する代替措置に焦点が当られていないことに引き続き懸念を表明する」と述べている。入院を回避するのに十分な資源が地域に用意されることは、不必要な入院をなくすと同時に、退院する人の地域生活を支える基盤も提供できるのであり、入院の必要を生じさせない充実した社会資源を開発することが第一次的な政策目標とされなければならない。

第8章　精神保健福祉法改正の過程から見える問題点

長谷川　利夫

「安全・安心の国創り」としての精神保健福祉法改正

平成二九年一月二〇日第一九三回国会における安倍内閣総理大臣施政方針演説の中で、相模原障害者施設殺傷事件及び精神保健福祉法改正のことを述べた。

「昨年七月、障害者施設で何の罪もない多くの方々の命が奪われました。決してあってはならない事件であり、断じて許せません。精神保健福祉法を改正し、措置入院患者に対して退院後も支援を継続する仕組みを設けるなど、再発防止対策をしっかりと講じてまいります。」

安倍総理は、ここで明確に、精神保健福祉法を事件の再発防止の目的のために行うと述べている。

安倍総理の施政方針演説の項目は以下の通りであった。

一　はじめに

二　世界の真ん中で輝く国創り

（日米同盟）

（地球儀を俯瞰（ふかん）する外交）
（近隣諸国との関係改善）
（積極的平和主義）

三　力強く成長し続ける国創り
（「壁」への挑戦）
（中小・小規模事業者への好循環）
（地方創生）
（観光立国）
（農政新時代）
（イノベーションを生み出す規制改革）

四　安全・安心の国創り
（被災地の復興）
（国土の強靭（じん）化）
（生活の安心）

五　一億総活躍の国創り
（働き方改革）
（女性の活躍）
（成長と分配の好循環）

六　子どもたちが夢に向かって頑張れる国創り
（個性を大切にする教育再生）
（誰にでもチャンスのある教育）
七　おわりに

再発防止策としての精神保健福祉法改正の表明はこの中の、「四　安全・安心の国創り」の中の（生活の安心）の項目の中で述べられていることに注意を払う必要がある。

施政方針演説の「生活の安心」の項目で安倍総理が述べた内容を確認してみよう。

「糸魚川の大規模火災で被災された方々に、心よりお見舞いを申し上げます。一日も早い生活再建、事業再開に向け、国も全力で支援してまいります。

お年寄りなどを狙った悪質業者が後を絶ちません。被害者の救済を消費者団体が代わって求める新しい訴訟制度が、昨年スタートしました。これを国民生活センターがバックアップする仕組みを整え、より迅速な救済を目指します。

三年後に迫ったオリンピック・パラリンピックを必ず成功させる。サイバーセキュリティ対策、テロなど組織犯罪への対策を強化します。受動喫煙対策の徹底、ユニバーサルデザインの推進、多様な食文化への対応など、この機を活かし、誰もが共生できる街づくりを進めます。

昨年七月、障害者施設で何の罪もない多くの方々の命が奪われました。決してあってはならない事件であり、断じて許せません。精神保健福祉法を改正し、措置入院患者に対して退院後も支援を継続する仕組みを設けるなど、再発防止対策をしっかりと講じてまいります。」

つまり、ここでは、「生活の安心」を脅かす存在として、「お年寄りなどを狙った悪質業者」、「テロなど組織犯罪」が挙げられ、それと共に相模原事件が挙げられているのである。そしてその安全を脅かす問題への対処として、精神保健福祉法の改正が述べられているのである。

さて、この安倍総理の施政方針演説を遡ること半年前、事件発生の二〇一六年七月二六日午前の記者会見で塩崎厚生労働大臣は、「関係省庁ともしっかり連携して、再発防止の検討を早急に行ないたい」と述べ、既に事件の「再発防止の検討」を表明している。さらに翌二七日に塩崎大臣は「措置入院後のフォローの充実が必要との指摘も当然ある」と、措置入院について言及した。八月一〇日には、「相模原市の障害者支援施設における事件の検証及び再発防止検討チーム」が立ち上げられ、一二月八日には、「報告書～再発防止策への提言」がとりまとめられた。そしてその提言は、同検討チームより以前から設置されていた「これからの精神保健医療福祉のあり方に関する検討会」に引き継がれさらに検討が進められ、〝措置入院者の退院後の医療等の継続支援〟などが必要とする報告書が二〇一七年二月八日に取りまとめられた。

すなわち、相模原事件を受けて、その対応策として精神保健福祉法改正を行うというのは、内閣の一貫した方針であった。

「犯罪防止」としての法改正

「相模原市の障害者施設の事件では、犯罪予告通りに実施され、多くの被害者を出す惨事となった。二度と同様の事件が発生しないよう、以下のポイントに留意して法整備を行う」

この文は、厚労省の、「精神保健及び精神障害者福祉に関する法律の一部を改正する法律案の概要」における「改正の趣旨」の冒頭の一文である。概要の中にこの一文が入っていることは、塩崎泰久厚生労働大臣の発言、安倍総理大臣の施政方針演説からすれば極めて理にかなったものである。ただし、それは、現行の精神保健福祉法を無視するのであるならば、である。

それでは、現行の精神保健福祉法はどうのようになっているのだろうか。

精神保健福祉法第一条（この法律の目的）には次のように述べられている。

精神障害者の医療及び保護を行い、障害者の日常生活及び社会生活を総合的に支援するための法律（平成一七年法律第一二三号）と相まってその社会復帰の促進及びその自立と社会経済活動への参加の促進のために必要な援助を行い、並びにその発生の予防その他国民の精神的健康の保持及び増進に努めることによって、精神障害者の福祉の増進及び国民の精神保健の向上を図ることを目的とする。

すなわち、本法の目的に、相模原事件のような事件、犯罪を防止することは一切含まれていない。法の目的にない法の改正を行うことはできない。もし法改正を行うのであれば、本法第一条の法の目的を改正してから行わなければならない。

次に、相模原事件を起こした植松被告は、起訴前の精神鑑定において、自己愛性パーソナリティー障害が認められるがその程度は著しくなく動機も不可解なままであり、犯行時の責任能力が認められるとされ、起訴されている。すなわち相模原事件は、精神障害によって引き起こされたものではないということである。精神障害、措置入院とは無関係に事件は引き起こされたのであり、それにもかかわらず措置入院の制度変更を伴う法改正を行うのは誤りである。

このような中での法改正は立法事実を欠いたものである。

冒頭に触れた、法案趣旨の一方的削除は別の箇所にもあった。

保健所設置自治体が設置する精神障害者支援地域協議会における個別ケース会議（調整会議）の参加者が「必要に応じて、障害福祉サービス事業者、本人・家族等」となっていたものが「必要に応じて」という文言が削除されたのである。これは、当事者団体等から、本人・家族抜きでの「支援計画」など有り得ないと強い抗議の声があげられていた部分である。そもそも当初から、本人、家族を抜きにした「支援」をしようとしていたこと自体人権感覚を疑わざるを得ない。このような事態になって削除しても、国家が望んでいる本来の意思は従前のものであることは明らかであろう。それは可能な限り、事件を起こすような「危険な」措置入院者を本人と別の管理下の置こうとするものである。これは障害者権利条約に批准した国家のとるべき態度ではない。

法案審議の迷走

さて、精神保健福祉法改正案は、本年四月七日の参議院本会議から審議が始まったが、四月一三日に、上記文言などを削除した文書を厚労省職員が参議院の厚生労働委員の部屋に持参し、同日厚生労働委員会理事会では、上記文言などを削除したものと今までの文書を「差し替え」たいと旨の提案がなされた。審議中の法案の「趣旨」を変更、削除しようとするこの動きに対して野党が反発、「差し替え」は認められず、新たに厚労省が作成した「趣旨説明」は「追加資料」として扱われることとなった。そしてその日の参院厚生労働委員会では、政府のこの趣旨説明を前提に議論してきたにもかかわらず、審議途中で一方的に政府が変更を行うことが問題視され委員会は紛糾、塩崎厚生労働大臣は、事件をきっかけに法改正を行うがあくまで患者のための支援策であると主張しながらも「大変申し訳なく、反省している」と謝罪するところまで追い込まれた。

四月一四日付の朝日新聞朝刊でも、「厚労委　参院でも混乱　法案の趣旨説明文を変更」の見出しで以下のように報じられている。

「厚生労働省は一三日、参院で審議中の精神保健福祉法改正案の趣旨説明文の一部を削除したと与野党に伝えた。審議途中で政府が一方的に変更するのは異例で、この日の参院厚労委員会は紛糾。塩崎恭久厚労相が謝罪した。介護保険法改正案の採決を強行した衆院に続く連日の厚労委の混乱となった。」

その後、厚生労働省ホームページから「「相模原市の障害者施設の事件では、犯罪予告通りに実施され、多くの被害者を出す惨事となった。二度と同様の事件が発生しないよう、以下のポイントに留意して法整備を行う」の文章は削除された。

委員会の混乱による審議ストップ、再開を経て、平成二九年五月一六日の参議院厚生労働委員会で精神保健福祉法の採決が行われた。

採決に先立ち、民進、自民、公明、維新の共同提出により、同改正案に対する修正案が提出された。修正案は、附則の検討規定の五年目処とする見直し規定を三年とし、入院者及び退院者の権利保護に係る制度のあり方等について検討を加える内容であった。これに対して反対討論が、共産と希望（社民）により行われ、原案と修正ともに反対を表明。

採決され、修正案には、自民・民進・公明・維新＋無所属クラブが賛成。共産・希望は反対した。原案は、自民・公明・維新・無所属クラブが賛成。民進・共産・希望は反対した。

一八項目からなる附帯決議は、自民・公明・維新・無所属クラブ共同提案され、この四会派が賛成。民進・共産・希望は反対した。

翌五月一七日に参議院本会議で投票が行われ、投票総数二三四、賛成一六一、反対七三の賛成多数で、精神保健福祉法は参議院にて可決された。本法案は参議院先議の法案であったが、上記混乱により、衆議院への送付をすることができず、継続審議となり、六月一八日に第一九三回国会は閉会した。

なお、法案可決にあたって、なされた附帯決議は以下の通りである。

附帯決議

政府は、本法の施行に当たり、次の事項について適切な措置を講ずるべきである。

一、精神障害のある人の保健・医療・福祉施策は、他の者との平等を基礎とする障害者の権利に関する条約の理念に基づき、これを具体化する方向で講ぜられること。

二、本法律案は特定の事件の発生を踏まえた犯罪防止を目的とするものではなく、精神障害者に対する医療の充実を図るものであることを確認するとともに精神保健医療が犯罪の防止や治安維持の役割を担うとの誤解や懸念が生じることのないよう留意すること。

三、措置入院者等に対して退院後に継続的な医療等の支援を行うための退院後支援計画の作成に当たっては、患者本人及び家族が個別ケース検討会議に参画すべきものであり、できる限り患者本人の意見の反映を図るよう、退院後支援のガイドラインで明示し、自治体に趣旨の理解を徹底すること。

四、退院後支援計画の支援期間については、措置入院者が地域生活に円滑に移行できるようにするための期間として、半年以内程度を基本とすること。また、患者の病状や生活環境の変化によっては、例外的に、支援期間を延長することも考えられるが、その場合でも、延長は原則一回までとし、一年以内には地域生活への移行を図ることができるよう努めること。こうした支援期間の在り方について退院後支援のガイドラインで示し、自治体に周知徹底を図ること。

五、退院後支援計画に基づく支援について、患者にその内容や必要性について丁寧に説明し、理解、納得を得られるよう努めてもなお納得してもらえない場合にあっては、必要に応じて計画内容を見直すなど、本人の意向を踏まえた計画となるよう対応すること。こうした対応については、退院後支援のガイドラインで示し、周知徹底を図ること。

六、警察官通報から措置入院につながった割合等に係る地域ごとのばらつきを是正する観点から代表者会議の具体的な留意事項を運用通知で示し、各自治体において、地域の精神障害者の支援体制に関する協議が通知に即して行われることにより、ばらつきのない措置入院制度の運用に努めること。その際、警察を始めとする関係機関に対して研修の機会を充実させることなどを併せて検討すること。

七、個別ケース検討会議の運用に当たっては、患者に対する監視を目的とするとの誤解を招くことのないよう、法律上「支援対象者の退院後の医療その他の援助の関係者」をもって構成することとされていることに留意し、警察は原則として参加せず、例外的に参加する場合も援助の観点から行われること、また、本人が拒否する場合には警察を参加させないこととすることについて、改正法の施行に合わせて自治体への適切な周知を行うこと。

八、精神医療の現場における患者の薬物使用に関しては、患者の治療継続に配慮しつつ、情報提供の在り方について検討すること。

九、地域における精神保健医療福祉の中核となる保健所の役割と重要性を改めて認識するとともにに、その体制強化が着実に図られるよう、都道府県等に対する支援について検討し、保健所運営に係る十分な措置を講ずること。また、保健所がその役割を十分に果たせるよう、必要に応じ、保健所の運営や体制等について、調査、検証すること。

十、適切な措置入院制度の運用がなされるためには、措置入院を受け入れる病院の質の担保が不可欠であることから、指定病院の基準を満たしているかを継続的にモニタリングするとともに、指定病院の質を評価する等の仕組みについて検討すること。

十一、医療保護入院における家族等同意及び市町村長同意の運用について、市町村長同意が濫用され、医療保護入院が安易に行われることのないよう、市町村等に対し、制度の適正な運用のための具体的な方策を明示するよう検討すること。

十二、医療保護入院や措置入院等の非自発的入院から退院後支援に至るまでの家族の負担の重さや、協力の有用性に鑑み、入院患者家族に対する支援体制について検討を加えること。

十三、当事者にとって不本意な非自発的入院の減少を図るため、国及び地方自治体の責任、精神保健指定医の判断等、幅広い観点から、速やかに検討を加えること。

十四、医療保護入院等の患者の退院後における地域生活への移行を促進するため、相談対応や必要な情報の提供、アウトリーチ支援など、その受皿や体制整備の充実を図ること。

十五、精神保健指定医制度の適正な運営に向けて、地域医療への過度な影響がないように、指定申請に当たって提出するケースレポートの症例の要件、指導医の要件、指定医の更新要件、口頭試問等の具体化を検討すること。

十六、精神保健指定医として必要な知識、能力及び技能並びに精神保健指定医として持つべき規範意識に比して、指定医研修の課程及び更新制度が十分に機能しているとは言えないことから、ケーススタディ等の実地に近い研修体制を構築すること。また、指定医の更新に当たっては、指定医の業務を一定以上行った上で申請できることとする等、指定医の質の担保を図る仕組みとすること。

十七、精神科病院における長期入院及び退院の事例について調査分析し、今後の対策と改善を検討すること。

十八、障害者福祉施設等における労働環境について、良質な福祉サービスの提供の支障とならないよう、施設等の環境を改善するための措置について検討すること。

右決議する。

法改正に反対する立場からすれば、参議院先議だった本法案が、衆議院で審議されることなく成立をとりあえずは阻止した意義は小さくないだろう。参議院厚生労働委員会における、それと同時に、民進党の修正案賛成、原案反対という姿勢はわかりにくい印象を与えたかもしれない。

我が国の精神保健医療福祉の立ち遅れ

平成一六年の精神保健医療福祉の改革ビジョンでは次のように述べられている。

1 精神保健医療福祉改革の基本的考え方

(1) 基本方針

○「入院医療中心から地域生活中心へ」というその基本的な方策を推し進めていくため、国民各層の意識の変革や、立ち後れた精神保健医療福祉体系の再編と基盤強化を今後一〇年間で進める。

○全体的に見れば入院患者全体の動態と同様の動きをしている「受入条件が整えば退院可能な者（約七万人）」については、精神病床の機能分化・地域生活支援体制の強化等、立ち後れた精神保健医療福祉体系の再編と基盤強化を全体的に進めることにより、併せて一〇年後の解消を図る。

ここでは、国は、我が国の精神保健医療福祉の状況を「立ち遅れている」との認識を示している。「受入条件が整えば退院可能な者」とはいわゆる社会的入院のことであるが、これが約七万人おり、それを向こう一〇年で「解消」するともしている。

それでは、この〝精神保健医療福祉の改革ビジョン〟の目標は達成されたであろうか。否である。結果は、平成一四年から平成二六年の間に、精神病床一・八万床、入院患者は三・六万床の減少に留まった。つまり、目標は達成されず、引き続き「立ち遅れている」のである。

しかしながら、二〇一七年四月七日の参議院本会議において、「日本の精神障害者の処遇が、国際的に見ても遅れているとの認識はありますか」という野党議員の質問に対して、塩崎厚生労働大臣は、「諸外国の取り組みや他の障害者施策と単純に比較することは難しい」と答弁している。

それに続く四月二〇日の参議院厚生労働員会においての質問に対して、塩崎厚生労働大臣は、「精神保健医療福祉の改革ビジョン」に関連して、「一番大きな方向性として地域移行ということをこの平成一六年に打ち立てているわけでありますけれども、そういう面で進んでいないという意味では、立ち遅れた状態は引き続き続いているということは率直に認めないといけない」とようやく立ち遅れた状態が続いていることを認めたのである。

平成一六年の精神保健医療福祉の改革ビジョンは、現状を分析したうえで、それに基づいて目標の設定も行ない、一定の意味のあるものであった。しかし、国は今になってそれをないもののような答弁をし、追及されるとようやく遅れを認めるという態度に終始している。誤った現状認識からはまともな法案審議はできないであろう。

国家意思と向きあいつつあるべき社会を構築するために

本稿では、今般の精神保健福祉法改正を巡る動きから、その問題点について考えてきた。

これらの動きから見えてくるのは、「支援」「地域生活中心」「地域移行」など、昨今の精神保健医療福祉の世界においてよく使われる言葉の意味とは裏腹の、可能な限り社会の「安定」に対して邪魔なものは国家の管理下に置こうというものである。国は、相模原障害者施設殺傷事件を「利用」してその方向性を強化しようとしたとも言えるだろう。

精神保健福祉法改正にあたって法案趣旨の「相模原市の障害者施設の事件では、犯罪予告通りに実施され、多くの被害者を出す惨事となった。二度と同様の事件が発生しないよう、以下のポイントに留意して法整備を行う」などの文言を削除する混乱は、いみじくもその国家の意思を露呈させてしまった。それは、障害の有無などにかかわらず、社会から排除されず生きる社会的包摂とは真逆のものである。とりわけ現行政権は、日本国憲法第九六条の「この憲法の改正は、各議院の総議員の三分の二以上の賛成で、国会が、これを発議し、国民に提案してその承認を経なければならない。この承認には、特別の国民投票又は国会の定める選挙の際行はれる投票において、その過半数の賛成を必要とする。」という憲法改正条項を引き下げることから着手しようとした。反対意見が強く取り下げたが、そもそもそれを行おうとしたことを我々は銘記する必要がある。憲法に縛られるべき権力者が、自らそれを変える手続きを緩めようとしたわけである。このような政権に社会的包摂を求めるのは、八百屋で魚を買い求めるのと同じと言えるかもしれない。しかし先ずはこの現状を直視すべきである。市民、国民は、よりよき社会への志向性を強め、力をつけ、政治を含め様々な現象に対して、丁寧に吟味し、議論をしていくことが求められる。否、その過程そのものが民主主義である。

第9章　相模原事件から精神保健福祉法改正まで
――抵抗の軌跡

桐原　尚之

事件発生の直後

二〇一六年七月二六日、相模原市の障害者施設津久井やまゆり園で殺傷事件が発生した。(1) 一九人が死亡、二〇人以上が重軽傷を負う惨事となった。犯行の動機は、容疑者の手紙によると「全人類のため」であった。

殺傷は、完全に障害者だけを標的にしたものだった。ところが、ほどなくしてその容疑者自身に精神科病院の措置入院歴があることが報道されはじめた。事件から数日経過すると措置入院を解除したことが、事件発生の原因であるかのような報道まで散見されるようになった。塩崎恭久厚生労働大臣は、「措置入院後の十分なフォローアップができていなかったという指摘がある。こういった点もよく考えていかなければならない」(2) と発言し、政府は七月二八日に「障害者施設における殺傷事件への対応に関する関係閣僚会議」を開催、翌二九日には厚生労働省内に措置入院制度を見直するための有識者会議の設置が準備された。政府は、この事件を口実にして精神障害者を標的とした監視強化に舵をきり出したのだと思った。私たちは、標的にされ命を奪われた障害者のカテゴリにいながら、容疑者と同じ精神科病院の入通院歴があり、加害側の立場に位置付けられていたことを知り、とても苦しんだ。

全国「精神病」者集団による反保安処分の主張

措置入院とは、自傷や他害の恐れを理由として精神障害者を強制的に入院させる制度のことである。措置入院を含む「強制入院」に対して全国「精神病」者集団は、結成した一九七四年五月の第一回全国患者集会のときから反対の立場を示してきた。[3]

当時の方針における措置入院の位置づけは、「保安処分の先取り」や「精神障害者が受け続けてきた苦痛」といったものであり、大部分が保安処分との関係で論じられたものであった。全国「精神病」者集団による保安処分への抵抗言説は、一九七〇年代の記録[4]からわかるもので大きく分けて三つある。

一つめは、精神障害者即ち危険な人間、社会生活不適格者であるという人物規定の不当性を訴える言説である。保安処分は、犯罪が発生する前から犯罪素因者とされた者を予防的に拘禁する制度であり、実際に運用するためには犯罪素因者の特定とカテゴリ化が不可欠となる。このカテゴリ化は、いわば科学的な根拠が反証材料を持たない中でおこなわれるため、恣意性を免れ得ないものになってしまう。そのため、精神障害者を直ちに危険因子と見なす考え方は、根拠のない偏見をよりどころにしたものであり、全国「精神病」者集団としては迷惑なラベリング行為以外のなにものでもないとして批判したのであった。

二つめは、一般市民の差別意識に関する言説である。保安処分の立法趣旨は、精神障害者が一般市民の生活を脅かす外敵であると見立てるところから始まる。これに影響を受けた一般市民は、精神障害者を自分たちとは異なる者として他者化し、自分たち自身が保安処分の対象者として拘禁される可能性について思考を止めるようになる。しかし、誰しもが精神障害者になる／される可能性を有しており、その意味では精神障害者だけの問題ではないはずである。全国「精神病」者集団は、「自分たちはキチガイと違う」という一般市民の意識を「差別意識」と表現しており、反保安処分の運動は、一般市民の差別意識にこそ変更を迫るものでなければならないとした。

三つめは、精神科病院での入院体験に関する言説である。全国「精神病」者集団は、措置入院を含む強制入院が「保安処分の先取り」であると主張してきた。その理由は「他害の恐れ」を理由に拘禁される点で「される側」の実感としては保安処分のそれと差がないからというものであった。具体的な主張としては、「精神衛生法の下で『精神障害者』は、精神病院内では行動制限を受け、人間性の一切を否定され、鍵と鉄格子と薬によって自由を奪われ、昼夜監視の対象とされています」など、精神科病院がすでに社会防衛的であることが強調されたものが多い。[5] こうした精神科病院での入院経験は、精神障害者であるからこそ経験した特異なものである。なので、精神障害者は保安処分を先取りしている精神医療現場の体験者として、差別意識のために問題意識を持ち得ていない一般市民に向けて発言をしていく責任を荷えるのだとしている。一九七〇年代の全国「精神病」者集団における反保安処分の主張では、一般市民の意識と精神障害者の意識の違いに着目しながらも、置かれている状況は同じであるとしている点に特徴が認められる。

これらの論点は、現在に至るまで基本的に引き継がれており、その後に続く新宿西口バス放火事件（一九八〇年）を機にした刑法改正議論、池田小学校事件（二〇〇一年）を機にした医療観察法、そして、相模原事件（二〇一六年）を機にした今回の措置入院制度改正への反対意見の理論的支柱となってきた。

相模原事件をめぐる問題の立て方と難しさ

相模原事件をうけて全国「精神病」者集団内部では、事件全体を捉える上で容疑者の位置づけ方に頭を悩めていた。精神障害者の運動は、差別を制度面や物理面の問題としてではなく、人間の意識や実存の問題として捉えてきた。そうすることで精神障害者自身が内なる差別と対決し、精神障害者同胞との分断を許さない運動にすることが試みられてきたのだ。その連続性を担保するためには、容疑者を措置入院歴のある同胞と位置づけた上で事件全体を考えていく必要があった。しかし、障害者を標的にして殺人事件をおかした容疑者を措置入院歴があるというだけで同胞とみなすことには強い抵抗感があった。結局、殺された障害者と措置入院歴のある容疑者の双方の実存に思慮した見立ては誰一人として示すに至らなかった。容疑者を措置入院歴のある同胞とみる文章も存在したが、明らかに殺された側の実存を忘却して書かれた文章であった。当然ながら仲間から非難の声が上がり収拾がつかなくなっていった。

かくいう全国「精神病」者集団も、どちらかに立つことでしか問題を把握できなかった。そのため、基本的に殺される側に立脚しつつ両論併記のようなかたちをとることになった。例えば、障害者を一カ所に集めて隔絶する政策が事件を発生に至らしめたという施設化の点と、措置入院強化という施設化の点を線でつなぎ、同じ線上の問題に位置付けた。また、こうした施設政策の帰結として障害者を無力と見なす偏見や精神障害者を危険と見なす偏見が生じていることを問題にした。

これによって全国「精神病」者集団は、他の障害者団体等との積極的な連帯を可能とし、全国各地で開催された追悼集会等の場で「措置入院強化では問題の解決にならない」との一文を入れてもらうなど措置入院強化問題の大衆化に努めた。また、八月一日に民進党が相模原事件を受けて共生社会に向けた談話を公表したときには、そのタイミングで複数の障害者団体と連帯して記者会見を実施した。事件発生直後でマスコミの関心が高かい時期に会見を開いたため、反響も比較的大きかった。

八月一〇日、厚生労働省内に「相模原市の障害者支援施設における事件の検証及び再発防止策検討チーム」が設置された。厚生労働省は、「措置入院の強化」のためではなく実態把握のための検証チームであるという理屈をくり出し、措置入院強化に反対する我々の声を一蹴した。九月には「中間報告書」がとりまとめられ、都道府県や警察に大麻使用歴に関する報告がされていなかったこと、転居先の自治体が容疑者の措置入院歴を把握していなかったことなどが、あたかも問題であるかのように記されていた。もちろん、大麻取締法には大麻の使用自体への罰則はなく、精神保健福祉法にも精神科病院による都道府県等への報告義務はない。だが、退院後に継続した監視体制があれば精神科病院によって精神障害者の状態像を継続的に把握することができ、結果として事件の発生を防ぎ得たはずだなどとして、九月以降に本格的な再発防止策に関する検討が開始された。

惨事便乗型精神保健と措置入院制度の構造

これまで意識はされてきたものの言語化されてこなかった論点が相模原事件を通じてせり出してきた。それは「惨事便乗型精神保健」という言葉である。思えば精神保健法規の歴史は、ライシャワー事件や池田小学校事件など不幸な事件を糧にしながら増長してきた。

今回、措置入院制度に治安を担わせる再発防止策が論点として生起したのは、措置入院制度に内在する惨事便乗型の構造に原因があるように思われる。

措置入院制度は、「おそれ」という未来予測をもって入院させる制度である。未来予測は最新の科学をもってなお不可能な領域とされている。しかし、措置入院制度は精神保健指定医が「おそれ」を見立てられるという仮定の上に成り立っている。しかも、運用では法的予見可能性のような限定的なものと異なり、精神保健指定医に対して広く恣意的な判断が許容されている。このような広く恣意性を許容した制度の下においてもなお、完全に他害行為等を防ぐことはできない。ところが、いざ他害事件が起きたときには、未来予測が可能であるという建前に立脚した責任が発生するため、なぜ他害行為を防げなかったのか、などとして原因の究明という論点が生起してくる。とくに措置入院者等が犯罪事件をおかした場合には、公的責任が問われうる。そのため、再発防止策として措置入院の拘束力を引き上げる議論が喚起され、医療の充実というかたちで治安的機能を引き入れた改正が繰り返し行われていくことになる。

こうした構造は、不可能な未来予測を可能であるかのように偽るところから始まった矛盾に起因するものである。そのため、措置入院が適切に医療のために機能していればよいという次元の問題ではなく、この構造が維持され続ける限り、これからも治安を内包していく制度であり続けることを意味する。私たちは、精神保健福祉法の構造自体を批判し得なければ同じ問題の繰り返しに翻弄され続けることになるだろう。

精神保健福祉法改正法案の上程と問題点

二〇一七年二月二八日に精神保健福祉法改正法案が国会に上程された。この法案は、相模原事件の再発防止策として措置入院者に対して警察関係者を構成員とした精神障害者支援地域協議会の関与の下、退院後支援計画を作成し、計画の期間中に転居した場合には転居先の自治体に計画が引き継がれる仕組みを新設するものだ。

とくに警察に措置入院者の情報をわたすルートが幾重にも用意されており、明らかに監視をつよめる内容であった。例えば、①措置入院の診察時に「確固たる信念をもって犯罪を企画する者」や

「薬物使用者」、さらには「反社会性パーソナリティ障害の症候」にあることが発覚した場合に都道府県が警察に情報提供すること（代表者会議が定める対応方針に基づく情報提供）、②退院後支援の援助関係者として警察が関われること（措置入院者退院後支援ガイドライン）、③警察を構成員とする精神障害者支援地域協議会が個人情報等の公開を要求できること（改正法第五一条の一一の二第六項）などがそうである。

その一方で条文の主語は、精神科病院の管理者か都道府県等、保健所設置自治体とされ、精神障害者本人の権利については、条文のなかで具体的に担保されていなかった。新設される退院後支援計画の作成も保健所設置自治体の義務としかされておらず、本人抜きにいくらでも作成できることになっていた。この法案を一言で説明するなら「本人を入れない、警察を入れる法案」ということになるだろう。

しかし、この法案の位置づけは、争点が少ないとされる参議院先議で、国会行動をはじめた2月の頭の段階では多くの野党が「反対は難しい」という態度であった。厚生労働省の議員に対するレクチャーは実に巧妙で「既に七自治体で運用されている退院後の支援を法制化するだけ」というものであった。それを信じた国会議員らは、参議院先議に応じたのだ。とくに争点であるはずの精神障害者支援地域協議会の警察関与は、法案明文に書かれていないのに入り組んだ運用が想定されており、詳細に把握していなければいくらでも言い逃れられてしまうように作られていた。一番の難点は、ほとんどの運用が都道府県の判断に委ねられていて、それを厚生労働省がガイドラインによって方向づけるというたて付けになっていたことであった。これだと実際に国会で答弁に立つ厚生労働省は、ガイドラインに関する答弁しかおこなわず、法案条文に従い都道府県が判断し得る運用については都道府県の判断であるとして回答を避けるであろうことが予測されたのだ。明らかに法案に反対する私たちの意見が先読みされていたし、中途半端な反論では太刀打ちできず議員の協力も得にくいと悟った。そこから厚生労働省との協議を連日入れては、法案が想定し得る運用を詳細に把握し、反対のポイントを焦点化させていった。

国会審議の過程

精神保健福祉法改正法案は、四月八日に開催された参議院本会議の塩崎厚生労働大臣による趣旨説明を皮切りに審議入りした。厚生労働委員会での最初の質疑は、四月一一日におこなわれた。この段階のスケジュールは、一一日の一日質問のあと、一三日の午前中に参考人質疑が入り、午後に質疑、そして一八日に質疑が入った後、付帯決議や討論をして採決する予定であった。しかし、一一日の厚生労働委員会の質問で完全に空気感は変わった。

民進党の川合孝典議員は、法案概要資料の「相模原市の障害者支援施設の事件では、犯罪予告通り実施され、多くの被害者を出す惨事となった。二度と同様の事件が発生しないよう、以下のポイントに留意して法整備を行う」という部分が精神障害者を危険な存在であるかのような誤解を世間に流布し得るものであり、共生社会の理念に反するため修正すべきであると指摘した。これに対して塩崎厚生労働大臣は、法案概要資料の文言が不適切であることを認め陳謝した。塩崎大臣の答弁をうけて厚生労働省は、法案概要資料の修正手続きに入り、一三日の厚生労働委員会理事会で法案概要資料の差し替えを提案した。厚生労働省にとっては、野党からの指摘を得て支援のための法改正と説明し直すための絶好の機会だったのかもしれない。

だが、そもそも法案審議中に法案概要資料の趣旨の部分が削除されることは前代未聞である。一三日の厚生労働委員会で塩崎大臣は、法案概要資料中の誤解を招く表現だけを修正したもので法案自体を変更するものではないと説明した。これに対して多くの野党議員から法案を基に作成された法案概要資料に変更が生じたということは、法案自体の変更が必要な状態が生じているのではないか、趣旨の部分が変更されたということは立法事実がなくなったのではないか、といった意見がだされた。また、法案概要資料をもとに厚生労働省からレクチャーを受けて質問を考えてきた議員に対して厚生労働省側が一方的に法案概要資料を変更することは立法府軽視ではないか、との意見も出された。

四月一七日の理事会懇談会では、厚生労働省が法案概要資料の修正について説明をする予定だったが、厚生労働省の用意が間に合わず、次の日（四月一八日）に予定されていた厚生労働委員会は流会となった。四月一九日に理事会懇談会が開催され審議再開に向けた与野党の合意がなされた。これによって四月二〇日に厚生労働委員会が開催され、塩崎大臣が法案の概要を読み上げなおし、法案概要資料に変更を加えた一連の問題について謝罪する異例の事態をむかえた。塩崎大臣の「大臣発言」によって審議は最初からやり直したのと同じ程度の時間を確保することになり、最重要法案と目された法案をはるかにしのぎ、厚生労働マターで最長審議時間を得た法案となった。

四月二五日、厚生労働委員会が開催された。この日の質疑では、石橋道宏議員から警察が入ることの立法事実を検討したエビデンスが書かれた資料（非公開部分）の開示が求められ、理事会懇談会で協議することが確認された。しかし、四月二六日、石橋議員の求めた資料開示の件で厚生労働省は、構成員が非公開を前提に議論してきたため開示すべきではない、として開示を拒む答弁をした。これに対して有効な手立てが示し得ないまま、連休を挟んで五月九日の厚生労働委員会の質疑が始まり、資料公開の件は厚生労働省によって一蹴された。そして、五月一一日の厚生労働委員会の質疑を終えた段階で、いよいよ一六日に採決をむかえることになった。

今国会での法案成立の阻止を成し遂げる

一六日の朝、民進党の足立信也議員は修正法案に応じた場合に採決に応じるという立場を示し、与党が一部の修正に応じたため一六日中に採決されることが確定した。採決に際して日本維新の会から附帯決議の提案があった。五月一七日、参議院本会議が開催され、民進党と日本共産党による反対討論のあとに採決がおこなわれた。民進党、日本共産党、社会民主党、自由党、沖縄の風等の反対を得て採決は、総数二四一票中、賛成一六一票、反対七三票で可決した。

衆議院では、審議入りされずに継続審議となり、六月一八日の国会閉会とともに今国会での成立を完全に阻止することに成功した。今国会では、内閣が提案した六六法案中、共謀罪を含む六三法案が成立した。成立できなかった三法案は、精神保健福祉法改正法案を含め全て厚生労働関連法案であった。私たちの運動は、安倍政権に対して唯一会期中法案成立阻止を実現した運動となった。

私たちは審議段階で、参考人質疑など立法府における障害当事者参画を実現し、国会質問において障害者権利条約違反を確認するなど真の目的である精神保健福祉法解体の方向付けをおこなうことにも成功した。他方で、今会期中に廃案にできなかったことは非常に残念ではあるが、秋の臨時国会で審議未了にまでもっていければ、再び廃案のチャンスが訪れることになる。このチャンスを作ることが次の国会行動の目標である。このような法案は、絶対に廃案にされるべきだ。最後の最後まで諦めずに取り組みを続けていくことをよびかけたい。

【注】

(1) 現在は相模原市であるが施設の所在地は旧津久井郡に位置する。

(2) 久永隆一、二〇一六年七月二八日、「措置入院のあり方検討へ――厚労省、八月にも有識者会議」、『asahi.com』

(3) 一九七四年五月二一日、東京都において第一回全国患者集会が開かれた。その場で全国「精神病」者集団が結成し、「精神衛生法撤廃!!」「刑法改正―保安処分絶対反対!!」「入院、退院の自由を獲得しよう!!」などの決議を採択した(東川 一九七四)。

(4) 記録は、山田顕一(一九七四)、吉田おさみ(一九七五、一九七六、一九七七)、全国「精神病」者集団(一九七七)である。

(5) 精神衛生法撤廃全国連絡会議、一九八六年七月一二日、「精神衛生法撤廃! 刑法改悪――保安処分新設粉砕！　精神衛生法『改正』国会上程阻止!!」ビラ。

【参考文献】

東川五郎、一九七四、「第一回全国患者集会を終って」『精神医療第一期』四（一）：九八―九九
山田顕一、一九七四、「立ち上がる患者達」友の会（編）『鉄格子の中から――精神医療はこれでいいのか』海潮社
吉田おさみ　一九七五「保安処分反対論の盲点――患者の立場から」『精神医療（第二次）』四（四）：六〇―六二
――一九七六「強制入院反対論ノート」『精神医療（第二次）』五（二）：六〇―六六
――一九七七「保安処分反対論の盲点――患者の立場から」『絆』一：六―八
全国「精神病」者集団　一九七七「一一・一三第三回『精神障害者』全国総決起集会」全国「精神病」者集団

第10章　精神科病院からの地域移行
――現状と課題

山本　深雪

はじめに

『精神障害者に対する社会的な偏見や差別の固定化、また社会的入院と言われる問題は、政策過程で生じた』『精神障害者に対する人権侵害は、精神病院での社会的入院、自立と社会参加を進めるための施策の不備、欠格条項等に具体的にみることができる。　社会的入院は、精神障害者の社会的隔離を進め、精神病院の中にしか生活の場を確保してこなかった精神保健福祉施策のあり方に起因するものである。また、精神障害者に対する行動や通信・面会の制限、一律的な金銭管理は、病気による生活の能力の衰えを固定化し、自立と社会参加を目指す意欲を減退させ地域でふつうに暮らしたいという思いを萎縮させるものとなっている。』これは、私も参加していた大阪府精神保健福祉審議会の一九九九（平成一一）年三月府知事への答申の中の文言である。

こうした現状は、改善されただろうか。

日本の精神科病院の現状

日本の精神科病床は約三二万八千床ある。人口千人当たりの精神科病床数でみると、OECD各国が〇・五～一床となっている中、日本は二・八五床で横ばいを続けている。この病床数の多さに変化は見られない。

そして入院者数は二九万七千人であり、そのうち強制入院である措置入院・医療保護入院者数は十三万八千人（四六・五％）いる。

このうちまた、日本の精神科病棟では、自由に売店に出かけるなどの外の空気を吸えない閉鎖病棟が約六五％を占める。また、精神科病床では、他科では認められていない隔離拘束が精神保健福祉法により認められており、その数が多くなってきている。厚生労働省の説明では認知症患者の増加が要因と説明しているが、増えはじめた時期は、診療報酬の改訂で精神科救急病棟が認められ、その数が増加した時期と重なる。

さらに精神科への入院者は、新規入院者のうち約九割は一年未満で退院している一方で、入院期間が一年以上の患者が一九万人（六四・五％）に上り、高齢の長期入院者への対応が課題となっている。平均在院日数は約三〇〇日と、OECD諸国平均在院日数一八日と比較して非常に長い。（※OECDのデータ以外は二〇一三年　厚生労働省「精神保健福祉資料」より）

現状で、他の国においては、住まいの確保のための地域内での支援・ガイドヘルパーや普段の生活のための支援者などが限りなく精神科病棟現場で丸抱え状況となっている。このことが重要な入院者の人生被害を生み出してきた。また精神障害者の福祉と医療における予算割合を三対九七の比率にし、医療費に消える福祉費用を生み出す構造となっている。

精神保健医療福祉の改革ビジョン　～入院医療中心から地域生活中心へ～

私がかかわった厚生労働省の「精神病床等に関する検討会」が最終報告書をだしたのは、二〇〇四（平成一六）年だ。その報告などをうけて、厚生労働省は、二〇〇四（平成一六）年九月の「精神保健福祉施策の改革ビジョン」において、「入院医療中心から地域生活中心へ」の基本理念を打ち出し、七万二千床の社会的入院者を減らす方針を打ち出した。当時、社会的入院者は七万四千人いるとの認識が日本精神科病院協会も含めた場で明らかにされた。現在、「寛解・院内寛解決で地域移行支援を利用すれば退院の見込みのある人」は約四万五千人とされている。（第四期障がい者計画）。

社会的入院の解消から地域移行事業の流れ　～地域移行事業の現状と課題～

精神障害者地域移行・地域定着支援事業は、二〇一〇（平成二二）年の国の制度として制度創設以降、精神科病院からの退院を促進するための事業として運用されてきた。

大阪府下では、二〇〇九年までの実績として一八八二人の社会的入院者の退院があった。

⑴ 社会的入院から地域移行事業へ

大阪府で始まった「社会的入院解消研究事業」（義務的業務）は、後に「退院促進支援事業」「地域移行推進事業」へ事業名称を変更し、更に大阪府の単独事業から国事業となって「地域移行・地域定着事業」へと変遷した経緯がある。このような名称の変遷が示すことは、行政が取り組まねばならない義務的業務から、障がい者自立支援法の下、障がい者本人が役所に利用申請して自己負担して利用する個別給付事業へと変わったことである。なんということだ。

そして二〇一一（平成二三）年、地域移行支援事業（府単独）が終了した。

⑵ 都道府県から市町村へ

障がい者自立支援法の一部改正により、①市町村に基幹相談支援センターを設置、②自立支援協議会を法律上に位置付ける、③地域移行支援、地域定着支援の個別給付化、④支給決定前にサービス等利用計画を作成する、⑤住民に身近な基幹相談支援センターや指定特定相談支援事業所（市町村）や指定一般相談支援事業所（都道府県指定）が中心となり、障がい者の地域移行・地域生活支援を推進すること、となった。

そして国事業であった「精神障害者地域移行支援特別対策事業」の地域移行推進員の配置等で実

施していた支援も、二〇一〇（平成二四）年から個別給付化された「地域移行支援・定着支援」の中に位置づけられ、市町村が担う支援となり国は予算を打ち切った。地域移行推進員に代わり、市町村には地域精神医療体制整備コーディネーターを配置することとなったが、実質的な動きは市町村にゆだねられた。このように頻回で、かつ複雑化する制度変更が続くと制度は非常に使いにくい。退院促進支援員として雇用されていた人たちも仕事が終了といわれ、非常にとまどっていた。

(3) 利用のしづらさ

長期入院となっている人たちは、長年の病院生活によってあきらめることを繰り返し体験させられてきたため、その習性がしみついてしまっている事が多い。また、病院職員との関係もあるため病棟職員を通さず自らすすんで退院希望の声をあげ、役所に制度利用申請する意欲をもてる人がどれだけいるだろうか。

こうした実情を経て、二〇一八（平成三〇）年から以下のように制度が変わることになった。地域精神医療体制整備広域コーディネーターを二次医療圏ごとに八名配置し、①精神科病院の職員研修の支援、②退院可能性のある患者を把握し、③市町村の自立支援協議会専門部会につなげ、④関係機関が協働で取り組む体制を支援する、といった役割を担わせることとなった。

利用者にとっての利用のしづらさは変わっていないが、結局、退院にむけた気持ちを地域から訪問するピアサポーターの働きかけによって一緒に考えていくこととなった。

そこで、ピアサポーターの拡充を各地域生活支援センターごとに企画していく動きが、あちこちで見られる。国はピアスタッフ研修に予算を少しつけ、精神保健福祉センター等での研修に取り組んできている。

⑷「地域移行機能強化病棟」による誘導

また、平成二八年度診療報酬改定により地域移行機能強化病棟が新設された。この病棟は、年間で届出病床数の五分の一相当の精神科病床を削減すること、稼働率が九〇％未満の病院においては、許可病床数を削減して稼働率九〇％以上を保たなければならないこと等の基準が設けられている。診療報酬は一五二七点／日と高い。地域移行機能強化病棟の届出病床数が六〇床をもつある病院で、「年間一二床を減らしていく必要があり、計画的に進めている」という話をきいた。手を挙げる病院は多くない印象であるが、「病院から地域へ」を実現していき、暮らす場は地域で見つけて、必要に応じてチームでの往診や外来受診へと転換していくべき状況である。

入院中の患者の人権保障

⑴ 入院者の声

当センターが行う電話相談や面会、病院訪問活動では患者から以下のような声が届く。「診察では『寝ているか？』を聞かれるだけで退院の話などはない」「主治医がころころかわる」「診療計画書？　知らない？」「退院のめど？　聞いていない」「家事ができないから　一人で暮らせないから

仕事がないから　退院できない」「退院したいと言っても『無理』『まだ』ばかり。理由やめどは言ってくれない」「退院したいと言っても『家族がOKしたら』だけ。家族はずっと面会にきてくれない。親は高齢で無理」「退院について誰に相談していいかわからない」「退院について相談してもいいのか？」「ケースワーカーって誰？」「病院のケースワーカーが相談にのってくれるのか？　知らなかった」「家族がOKと言わないと退院できない。地域の社会資源？　知らない」

(2) 社会的入院を減らす事業と、入院者の人権を保障する事業は別である

大阪府の精神保健福祉審議会においても、社会的入院解消事業と入院中の精神障害者の権利擁護事業とは別のシステムが必要ということで作業を進めた。現状で、自分の意思に反して、入院させられ閉鎖処遇をうけ、屈辱感を抱いている仲間は大勢存在する。その理由を例えば、「○○による攻撃」と、理由づけねば、自分自身が受け止め切れないであろうことは想像に難くない。

このように現に一人の人間の人身の自由を奪う訳だから、自由を奪われているという意味では同じ立場である刑事被告人が保障されているように、国選弁護士（もしくは権利擁護者）との面会の機会が保障されて当然である。

その仕組みはアメリカでは公的権利擁護者制度として（PAIMI　一九八六年法）存在している。しかし日本における議論は、『強制医療が本人の利益に繋がっているからいいんだ』との医療的立場側の主張のみで、権利擁護者を地域につくるべきとの訴えは実を結んでいない。

こうした対応は、現状で、本人にとっては受け入れがたい環境であり、結局、より深い現実から

の回避状況へと追い込んでしまい、薬がより必要となり、その副作用でまっすぐ歩けなくなり、あるいは首が曲がり、本人の苦しみをより複雑にさせるだけとなってしまった等の人が二〇万人出てしまっている事を真っ直ぐに受け止めなければならない。

本人の病気の重さのせいに帰結させるだけの医療一辺倒の議論は非常に一方的である。

本人からすれば、自分の納得のいかないこと、不思議だなと思うことについての話しをできる関係がなく、ただ人としての誇りを奪われるような行為、例えば身体を縛りつけられ、紙オムツに用便を足すよう気持ち悪いのにいわれ、ひとりぽっちの空間に格子付の部屋にいれられ、「もう人間ではなくなった。動物と同じ扱いだ」と強く感じ、そうした空間での人間としてのプライドを保とうと必死で考え、「天皇の親戚」「中学の先生の好きだった私」等と口にするしかなくなったり、本当に孤絶の空間にいたんだと感じざるを得ない訴えを口にする人もいる。

(3) 人間として誠実に、信用して向き合っているか

一方でイギリスでは、「声が聞こえてくること」について体験者どうしで会話する独自の集団療法も認められ、テレビにおいても、その放送番組があるという。日本では、医療空間においてもタブー視されつづけてきた。それは医療関係者が主体となっている空間において、「わからないこと」を取り上げる勇気と作法がわからなかったからだろう。

私達の電話相談窓口にも、被害念慮から隣を怖がっているのかな、と思う内容の相談が入るときがある。そんな時は、ひとりで怖いですね。周りの方に理解してもらえるよう、テープ録音機を夜

中も廻したら良いのでは、等のやりとりをきっかけに、「私を信用してくれるんですね」、と声が明るくなり、その後、薬をのむことなどで自分のペースの生活を取り戻していった方が複数名おられる。肝心なことは、人間として誠実に、相手を人として信用して話にむきあっているか、ではなかろうか。

人手の少ない職員数では、そうした向き合いはうまれない。現状で、精神科の多くの病棟では医師は受け持ち患者は四八名まで持って良いと定められ、外来患者とあわせると、一日一〇〇人近くの方と顔をあわせて話をきくので、印象に残っているのは具合の悪かった人数名となると聞いてきた。

看護師の目線も、患者どうしのケンカ防止、事故防止にのみ仕事として位置づいているようで、ほとんど入院中の人の話をきく人はいない。研修中の学生がもっとも親身になって話をきいてくれる、とは患者たちのことばだ。最近、退院支援の業務として、病棟に精神科ソーシャルワーカーが一人つくようになった。

おわりに

社会的入院者の退院努力をしても、新規社会的入院者が毎年生まれる現状にある。特に最近は精神科に入院している認知症高齢者が現状で約八万人と増加傾向にある。検査や薬の調整を行うための入院と言いつつ、在院期間が長期化している。社会的入院の解消は、認知症の人や新たな入院患者を受け入れるためにしてきたことではない。

障害者基本法の「全て障害者は、可能な限り、どこで誰と生活するかについての選択の機会が確保され、地域社会において他の人々と共生することを妨げられないこと」（第三条第二号）を実現するためには、病床を減らしていく以外には方法はない。

【海外比較コラム】

精神科病院の脱施設に関する情報

浜島　恭子

二〇一四年七月、ＪＤＦ（日本障害フォーラム）による障害者権利条約審査（ＣＲＰＤ）傍聴でジュネーブに行った折、ティナ・ミンコウイッツ（世界精神医療ユーザーサバイバーネットワーク）の呼びかけでその時ジュネーブに来ていた精神科ユーザー＆サバイバー四名が集まり、英語を解さないメキシコ人とスペイン語を解さない韓国人・日本人を米国人（ティナ）が通訳する形で夕食を共にした。話題が映画『むかしMattoの町があった』になったとたん、異口同音に「ボリス！」[1]と叫び、手を握って笑いあった。

さて、一九七〇年代以降の西洋福祉国家における精神科病院脱施設化は、医学エビデンスよりも倫理に基づき実施されたが、結果的に多くの患者を地域に移行させ彼らの生活の質を向上させたことは概ね同意されている、ただし人々の回復は地域において彼らがアクセスできる資源によって差があると欧州数か国調査に基づくベルギーＫＣＥレポート１４４（二〇一〇年）[2]は述べる。一方で同レポートはまた、九〇年代以降に「行き過ぎた」脱施設化が懸念され、地域でのスティグマや救急入院、司法精神科入院患者数の増加など「再入院化」傾向があることに言及している。英国で二〇〇四年のナイフ殺傷事件（服薬不服従の状態にある元精神科患者が起こした）が二〇〇七年の地域強制通院命令コミュニティ・トリートメント・オーダー（Ｃ

TO、いわゆる措置通院）導入に結び付いたこともその一例と言えよう。

一方で、スウェーデンのパーソナルオンブート（PO）スコーネやフィンランド西ラップランドのオープン・ダイアローグ（OD、開かれた対話）などの取り組みには、従来の課題であった治療導入の難しさや治療開始後のトラウマに医療従事者・関係者が組織的に向き合うという改革の変化が伺える。ODは当事者・家族・関係者の関心を大いに惹きつけ、例えば「Don't Medicate, Communicate!（薬でなくて、コミュニケーション）」を標語に挙げるイギリスSOAP（強制医療に反対し声を上げる会、写真参照）も研修情報を盛んにMLで流した。その後、英国でODモデル事業の開始が伝わっている。[3]

故アリス「服薬ではなくコミュニケーションを！」（2011年）

さらに、施設入所や成年後見などにおける当事者不在の処遇決定の問題をめぐり、ニュージーランド発のファミリー・グループ・カンファレンス（FGC）や南オーストラリアの支援付き意思決定（SDM）モデルへの関心が日本で見られる。従来の制度で解決され得なかった、例えば保護と人権侵害に関わる決定のあり方に各国が取り組んでいること、また障害者権利条約がそうした取り組みに指標と振り返りの機会を与えている様子が伺える。

他にもここ十数年の間に、カナダのパートナーシップ、イタリア共同組合の映画（『人生、ここにあり！』）、英国のアドヴォケイト（権利擁護者）導入など海外情報が次々と伝わってくる。他国の実践示唆を得た人が他の関係者に伝え、各々感じている日本の課題から「これだ！」とガッツ・フィーリング（直感）を得た当事者や家族ケアラーや関係者がさらに他に広めていき、当事者の口コミ力が実践改革を後押しした英国の例に見られるように、影響を与えていく。こうした実践の効果が調査され、医学エビデンスとして蓄積され、ＫＣＥレポートのように検証に至るまでは一定の年月が必要であり、日本の現状を知る者こそが海外情報を検証して専門職にその意義を伝えるべきフィルターの役割を担っているのかもしれない。障害者条約を精神医療改革の武器にできるか否かは我々の関心にかかっている。

【注】

（1）ボリスはイタリア一九七八年精神科病院廃絶法（通称バザーリア法）につながる道を描いたこの二〇〇八年映画における主要キャラクター。

（2）Marijke,Eyssen 他 (2010) KCE Reports 144。従来「慢性的な(Chronic)」と表現され、現在は「重篤で持続的な」（Sever and persistent）と表現される、多くは統合失調症と重度のうつ病及び双極性障害の患者を対象にした調査。私立精神科病院が多いベルギーはかつて病棟転換型居住系施設施策を取り、その後方向転換し精神保健改革を行ったことが伊勢田堯氏らの報告で知られる。

（3）二〇一四年、ロンドン北西精神保健局ウェブサイトに「ここ数年、数々の医療機関がオープン・ダイアローグを検討している」とある。また医療実践の標準化を定める英国ＮＩＣＥの『精神病治療の新しい手引き』（二〇一四年）にも服薬よりも話し療法（トーキングセラピー）を重視する傾向が伺える。共に山本真理氏（権利主張センター中野）の情報提供による。

第11章　当事者は輝いている

非自発的措置入院の体験と今を語る
――人間のリカバリーとは？　人間の幸福とは？

藤井　哲也

今般、企画編集の堀氏より執筆依頼があり、快く受け、精神疾患・精神障がい当事者の立場から、私の病気発症から今の今までの病状との闘いの自分史を振り返りつつ、人間のリカバリー（回復）とは何か？　精神疾患とは？　精神障がいとは何か？　はたまた、その現状を社会との対峙の中で当事者が、また社会がお互いどう向き合うべきかを措置入院という医療行政の在り方、またその医療システムを通して、私自身が受けたケアの実体験を踏まえつつ、現在寛解した自己のリカバリーの効験がどの程度措置入院という拘束手段によって功を奏したか、あるいはその方策によって生じた罪過とは何か、私なりに論述を試みたい。

九回の入退院の結果

先ず、私のプロフィールを簡単に紹介し、本題に入りたい。

私は今から遡ること約四〇年前（当時昭和五〇年前後）中学三年頃から精神的に不安定な諸症状を呈するようになり（具体的に生活のリズムの崩れから不眠、イライラなど、感情の起伏の激しい精神症状の発現といった精神疾患発症の典型的パターン）、高校二年の夏引きこもり、登校拒否の末家庭内暴力に端を発し、身体を縛られた状態（身体拘束）で某私立精神科病棟に初入院。早速薬物治療がスタートしたのだった。（因みに現在の診断名は統合失調症）

現在は、寛解状態の中、週三二時間の実働時間で日産自動車の下請けの部品製造メーカーで正社員としてオープンで勤務している。その傍ら、地域活動支援センター工房タッチという作業所に籍を置いて時々通所。二年程前、横浜ピアスタッフ協会を同志で立ち上げ、ピアサポーターとして福祉啓発活動に毎日精を出している。

という訳で、発症から現在までの約四〇年の病歴体験の中、九回の入退院を繰り返してきた。九回の入院の殆どの事由は、感情的興奮による家庭内暴力が主たる起因であった。その中の一回は、所謂措置入院という強制入院であった。約一四年前病状悪化再発に伴い、継続診療先の県立精神医療センター芹香病院（当時）へ入院問い合わせの結果、当日たまたま休日だった為、入院手続き不可能との事、急遽日向台病院に搬送、精神保健指定医による診察診断により措置入院が強いられた次第である。一週間程の隔離室（保護室）での療養後、一般病室に移り、元の芹香病院へ転院を請願、病状安定判断により措置入院を解除、芹香病院へ転院。約一年の入院生活を経て退院、現在に至る。

九回の入退院という頻度の多さの本質は、私自身の病態そのもの自体に起因する所以であろうが、果たしてそれだけの説明で片付けてよいのであろうか？　病状再発の末、入院治療に専念、落ち着きを取り戻し、いざ退院にこぎつける…。だが、その先に待ち受けているのは、巨大ストレス社会である。

精神疾患障がい当事者に対するケアは、入院通院などを通しての医療関係者による治療の成果と、その次なる指標を福祉ケア関係者によるサポートによって地域社会の中で、如何に障がい者を受入れ、共に生活を共有することにより、社会参加の意義と有用性を分かち合う結果、そこに共生社会のイメージ作り設計図が浮上してくるのではなかろうか。だが、現状は社会一般への参入を試みる当事者と、それを受け入れる側の思惑のズレから、当事者の社会参加の方向性が阻まれているのではなかろうかと思う。

その思惑のズレこそが精神障がいの社会的論点だと私は断言したい。障がい当事者はその思惑のズレを「偏見・差別」という言葉で表現し、社会はその発想表現表記に対する気持ちの拠り所を敵対意識の中に植え付けている。その先に見え隠れするのが、所謂優生思想だと感じている。

一掴みの小さな幸福感を獲得した歓び

私は、措置入院による強制行為によって被ってきた様々な屈辱体験の中、今リカバリーの中こうして筆を走らせている。その自分を鑑みる時、医療によるケアの行き詰まりの先に司法による国家権力の介入が措置入院他、医療観察法ではなかろうか。ただ、その全てを私は否定したくない。何故か？　然り、その答えは至って簡潔明白である。その生々しい実体験を潜り抜けて今生きている自分を思う時、現在のリカバリーしている自己存在（人間存在）に見る一掴みの小さな幸福感を獲得した歓びを私なりに噛み締めているからである。

支援を求める者、また支援をする者がそのケアの進む先に当事者の望む方向（ベクトル）と、社会が支援する方向（ベクトル）に行き違いが生じてしまった。そのケアの施策の行き違いの根本原因は、そのケアのスタートラインに医療関係者は、当事者を患者として、また福祉関係者は障がい者としてのケアのスタンスを設定している点にあると思う。即ち、その問題本質の論拠を「こころ」の問題というテーマで洞察する時、先ず当事者自身の疾患発症の内因を本人問題に転化している点にあると指摘したい。言い換えれば、当事者が好き好んで病気になった訳ではなく、また一般社会も元々それを望んでいた訳でもない。ただ、人間自体生きていく上で多くの人間との関わりが伴わなければ次へ進めないのだ。その専門的分業化社会システムのレールに乗っていけないのが、精神障がい者の持ち得る障がい特性ではなかろうか。

そういった社会システムの行く先に今回企画の主題となる津久井やまゆり園事件発生があった。私は精神疾患当事者として受けた措置入院というケアの実体験もさることながら、今の自己のリカバリーに至った最大要因は、第一に様々なケアが私に介入したおかげと、そのケアに順じてきた私のリカバリー志向が、社会の中で順応した結果だと思っている。だからこそ、私はその様々なケアに対して先ずは、感謝の気持ちを表したい。

「障害は不便である。しかし不幸ではない」（ヘレンケラー）

最後に私が精神障がい者として思う障がいのフレーズを一言、また、社会福祉実業家ヘレンケラーの名言を付記し、津久井やまゆり園事件によって尊い命を失った一九人の方々のご冥福を祈りつつ、負傷された利用者またその家族の方々の速やかな心の回復を願いながら、今後共に生きる歓び・苦しみなどを共有できる共生社会を目指していければ望外の幸せである。

「障がい者の最大の強みは、障がいである。なぜなら、障がいがあるからそれを乗り越える価値を人生に見いだせるからだ。」（藤井）

「障害は不便である。しかし、不幸ではない。」（ヘレンケラー）

（二〇一七年夏　津久井やまゆり園事件発生一年を前にして、精神障がい当事者として自己のリカバリー体験を振り返りつつ、共生社会を願い記す。）

付録として、私が長年医療ケアでお世話になった神奈川県立芹香院《きんこういん》（現県立精神医療センター）での入院生活を詩で表現した二題を添付させていただきます。尚、これらの詩は本文とは直接関係ありません。

芹香院《きんこういん》小唄（詠み人知らず）

1 芹香良いとこ　来てみれば　麻酔打たれて　保護室へ
ライオン　トラでもあるまいに　檻に鍵とは失礼ね

2 治療　治療に　明け暮れて　やっと過ごした　数か月
散歩や作業も　良いけれど　一度は踏みたや　シャバの土

3 家に帰せと　願ったら　電気ショックの　お見舞いに
女房や子どもも忘れ去り　赤い血のない　お医者さん

芹香院ブルース　（藤井哲也作詞・作曲）

1 身から出ました　サビゆえに　皆に疎まれ　つまはじき
流れ流れ　行《ゆ》く先は　その名も高き　芹香院

2 医者やナースの　言うことにゃ　絶対服従　かなわない
流れ流れ　行く先は　その名も高き　芹香院

3 薬や注射で　飼育され　どっぷりつかった　この俺の
流れ流れ　行く先は　その名も高き　芹香院

人間らしく下町で

加藤　真規子

東京の精神科病院事情

東京のある退院率が極めて低い病院を訪ねて、絶望的な気持ちに襲われた。日々に必要なタオル・下着・簡易な洋服のセットがレンタルで一日一五〇〇円だという。月額にすると、四万五千円だ。まさに貧困ビジネスだ。古いタンスの中におやつが管理されている病棟さえあった。空気の流れが悪いからだろう。酷い臭気だ。マスクをしていないと、耐えられない。隔離室は狭い廊下で一般の病棟から隔てられていて、コンクリートの塊の中に、生身の人間が閉じ込められているような印象だ。設備は拉《ひし》げてさえいるのだ。こうした劣悪な環境が、精神的な病がある人々を治療するところといえるのだろうか。

私が最も強く感じたことは、「日々、無事に過ぎていく」ことへの恐れだった。異議をとなえ、抵抗することがないと、こうした病院はこのまま存続していく。自分が勤務する病院を職員が批判すること、情報も一切入らず、面会にくる人もいず、世話をしてくれる人々は病院の職員だけという患者さんたちが、病院に対して異議申し立てを続けることは困難だ。適応していくしかないだろう。職員は職務をこなすことにおわれ、一日一日が過ぎていく。

患者さんたちは放置されているのだ。開放病棟や新築の病棟などでは、一見それは「自由」のように見えて、「のどかで穏やかな」印象さえ与える始末である。職員も「よくないことはよく承知している」という。そして声をかける患者さんへ丁寧な言葉で「あとで」と挨拶をしてやりすごす。

売店があるので、外へ買い物に行くことさえない。むしろ売店ができる前は職員が患者さんを車で普通に商店に買い物に連れていったそうだ。散歩といっても、山道や坂道が続いている。バスが通る公道に出ても、お金も持たず、目的ももたず、許可もなければバスに乗り、町に出ていくことはできない。

多くの病院は金銭を管理し、管理料は一日一〇〇円から一五〇円ほどかかる。自己管理が許される場合は、ロッカー使用料が一日一〇〇円から一五〇円ほどかかる。金銭を管理する理由にいくつかの病院が挙げる理由は、硬貨を噛む患者さんがいるので、危険を回避するためというものだ。おやつも栄養管理や衛生を理由に管理する。服薬管理についてもかなり評判の良い病院ですら、退院が決まってから「自己管理」に切り替えるのだ。

私の体験

精神科病院での社会的入院者の存在が問題になったのは昭和の時代からだ。「措置入院」が一〇年以上も続いている患者さんが大勢いた。初回入院で何十年も入院している人々も大勢いた。電気ショックについて「自分の思考能力が壊れてしまったのは、精神病のせいではなく、電気ショックのせいだと思う」「電気ショックが怖くて離院を繰り返した」と当事者たちは言っていた。そのうえ当時はロボトミー手術の傷あとを額に残している患者さんもいた。開放病棟に移すために優生保護法の強制不妊手術をされた患者さんもいた。私も昭和四〇年代、一時、精神科病院の患者であった。私が精神障害や団欒や食事にこだわるのもこの体験からだ。

こらーるたいとう

こらーるたいとうは、精神障害を主としているが、知的障害、身体障害をもっている人々のセルフヘルプグループだ。東京都墨田区を拠点としている。一九九八年八月一日開設だ。つくった動機は、顔を合わせる、草の根のピアサポートの場が、私にとって必要であったからだ。若い頃は、家族会の方々に、『鉄の女』とさえいわれた私だった。三〇歳のお正月に恩師からもらった年賀状に「ホップ、ステップ、ジャンプではなく、あなたはジャンプ、ジャンプ、ジャンプだね」とあったのをよく覚えている。四二歳ぐらいで鬱病を再発した私は、振り子が止まらず、些細な刺激で揺れ、不安感に強くとらわれ、緊張しっぱなしだった。その頃に温かく受け止めてくれた人々の多くが障害者であったり、同性愛者の人々だった。そしてみんなが応援してくれて、こらーるたいとうは誕生した。現在は、ピアサポートセンター、こらーるカフェ、グループホームがじゅまるを設置運営している。主な取組みは、入院している障害者への「友愛訪問」と「退院支援活動」である。そしていつでも立ち寄れる「ドロップインセンター活動」としてのピアレストラン「こらーるカフェ」を開いている。障害の有無にかかわらず、食事は大切である。みんなでご飯を食べること、料理をつくること、失敗をして笑いあうことなど、すべてをとおして人と人とがつながっていく。食事にこだわる理由は、私自身が一〇代の頃、入院した精神科病院で出された食事に、非常に惨めな思いを経験したからである。

わかちあい

日常的な「わかちあい」を続けて、「私」の活動から「私たち」の活動に高めていきたい。仲間同士が励まし合い、笑えるようになったらいい。わかちあいとは自分を主語にして、自分の感情を中心に語り合い、聴き合うミーティングである。時間を誰かが多くとってしまったり、そこで語られたことを漏らしたり、誹謗中傷することは厳禁とされている。精神障害がある人々のわかちあいの時、「精神病」とか「幻聴」という言葉を使う人々はほとんどいない。本人が聴こえること、感じていることを安心してオープンにでき、「楽になる権利」を自覚することが重要だ。同じ体験をもつ人間すなわち仲間がいることを知ることは、精神障害がある人々にとって生き抜くための励ましとなり、勇気・エンパワメントとなる。マイナスだと考えていた体験が、仲間に伝えていくことでプラスに昇華する。「聴こえる（幻聴）」「感じる（幻覚や妄想）」が問題なのではなく、そのことが本人の自信を奪ったり、差別されたり、周囲の人々との関係を悪化させることが問題なのである。人と競争したり、走ってばかりいないで、立ち止まって「自分のこころの声を聴くこと」が重要なのが人の暮らしだ。私にとって「こらーるたいとう」は、「ゆっくりと自然に帰っていった歳月」であり、安全な居場所であった。

友愛訪問活動

こらーるたいとうでは、すでに一〇年以上、精神科病院への友愛訪問活動を続けている。昨日もいつものようにアイスコーヒーを頂きながら、お互いの希望について話し合った。「退院したら、読書をしたい。ゆとりを持ってすごしたい」「私は要領が悪いので、こらーるカフェのお料理をみんなとこころを合わせて作りたい。そしてもっとお客さまが来て下さるように努力したい」「退院して、台所にたって料理を作りたい。普通に暮らしたい」「作業療法の時間に自炊について学んだ。惣菜を買ったり、お弁当を買うのもよいということを学んだ」「パンケーキを作って、バターと黒蜜をつけて食べたい。すきやきを作りたい」「退院して家に帰ったら、掃除をしてさっぱりしたい。そして学校時代の教科書を読みなおしたい」「初めてこの病院に入院した時は窓から高速道路を見ていた。ノイローゼになってから、情緒がなくなってしまった」「ケーキを食べたい」「家族のことに専念したい」「車を運転したい。できれば彼女がほしい」「旅行をしたい」「この病気がなおるといい」など、みんなの希望を聴き合った。

友愛訪問活動は気ぜわしい生活の中にある貴重なこころの居場所である。差し入れの袋菓子のチョコレートを二個ずつ、杖を使いながらKさんが配ってくれた。「どうぞ」と挨拶を添えながら。

相模原障害者殺傷事件の真犯人は

今回の精神保健福祉法改正案には社会的入院者の地域移行定着支援の促進について何ら明記されていない。「精神障害にも対応した地域包括ケアシステムの構築にむけての入院需要および基盤整備量の目標」として厚生労働省は「平成三七年までに『重度かつ慢性に該当しない』長期入院精神障害者の地域移行を目指す」と明言している。これは「重度かつ慢性に該当する」精神障害者は一生精神科病院に入院させる」ということに他ならない。その人数は入院者の六割とも推定される。三〇万人の精神科入院者のうち二〇万人が一年以上の入院となっており、年に一万人の患者が死亡しているというわが国の精神科医療の実態を放置する政府の極めて重大な責任のがれを断じて許してはならない。こうした多くの精神障害者や知的障害者の人生と命を切り捨てようとする姿勢にこそ、「相模原障害者殺傷事件」の真の原因があるのではないだろうか。

人間の誤った認識、つまり偏見や差別で隔離収容主義の社会制度を容認し、障害がある人々を社会的排除という人生被害者にしてしまったのは、私たちの社会そのものだということを、決して私たちは忘れてはならない。

サバイバーから豊かな社会をつくる担い手へ

豊かな社会を作り出すために、私たちに求められていることはなんだろう。高齢者、子ども、障害者など何人もの基本的人権を保障する法制度を作ることであり、自由・平等・基本的人権の思想を実現することだ。そのためには、挫折や失敗を恐れずにチャレンジしていく勇気が必要である。

こらーるたいとうの担い手たちは、精神科病院での社会的入院の体験者や障害者虐待のサバイバーが殆どだ。彼女たちと活動することでこころを耕して、世界を切り拓くことができた。人間としての復権には、自分のこころを受け止め、他者と繋がり、対話し、ともに歩む生き方が求められる。

人間の自立には、ある意味依存することも含めて、信頼、連帯する関係性が必要だ。開かれた関係性を築き、地域社会に居場所を網の目のように編んでいく。私は、今こそ、障害がある時も、人として誇りを持ち、生きがいを感じて暮らしていく『リカバリー』の概念を、社会に広げていくことが極めて重要だと考えている。

したたかに生きまっせ

高橋　淳敏

毅然とした態度で前を向いているが、のぞき込んだカメラには泳いだ目が映し出されていた。周囲から多くの疑惑をもたれているが、開き直って取り合わない。毅然としたように見えたのは、これ以上引き下がっては、ほころびからすべてが崩れてしまう自覚があって、嘘をつき通す必要があったからだ。誰かと言えば、政権末期の首相や大臣たちだ。二〇一七年春の国会で精神保健福祉法の改正案は通らなかったが、裏でテロなど準備罪なるものが成立してしまっては、精神障害に対して世間が無関心を決めこんでいるからにすぎないだろう。

今回のことで私が思い出したのは、精神病院の中にいて治療者と名乗っている人たちの顔や声色は、この首相や大臣たちの態度とそっくりなことだ。見聞きしたければ、入院患者のふりをして、病院で働いている人にこう聞いてみればいい。「ここにいれば病気は治りますか？」と。あとで引き返して、鎮静剤を打たれるかもしれないが。医者は投薬治療をこのまま進めてよいものなのかの自信はない。いや、むしろこのまま進めてもだめなのだけは分かっている。「仕方がない。家族のせいだ、地域に理解もない。」少なくとも何十年もの間、彼・彼女らはそうやって問題があった人を、せめて家族や地域のためにと隔離する仕事をしてきた。患者や症状と向き合ってもどうしようもない。毅然とした態度の先には、健常者が見る蜃気楼を見据えている。過去にあった日常が手本となり、それらの日々が繰り返されるように、埋まらない溝を埋め、その場から逃げるようにして働いている。それら医療従事者の労働により、過去は現在となり未来が担保されている。そして、そこに新しい日が訪れることはない。誰かが決めた日常から、自らが抜け出そうとしなければ、新しい未来はない。そこから抜け出すのに支援者も非支援者も医者も患者も区別はないはずだ。

もうこんな茶番には付き合っていられない

この頃は、三か月でほぼ強制的に退院させられる。病院経営では入院患者は三か月で不良債権化する仕組みらしい。薬漬けにさせられては副作用で地域生活がままならず、再び入院することになる。退院して三か月もすればまた経済的付加価値が戻るので、この入退院のスパイラルは止めようがない。病院では治療ができない。その当たり前のことを、医者はじめ従業員も知っていて隠している。地域や国家の経済成長のために障害となる者を危機管理して収容するのが目的の施設なのである。社会的入院ともいわれるが、措置入院者を管理監督するなどの法案は、精神病院が収容所として機能していないと指摘されているのであって、治療者と名乗るのならばボイコットしてでも怒らなくてはならないはずだが、いつまでも誰のために働いているのか。たぶん植松も似たような施設労働をしていたのではなかったのか。彼の働きによって助かっただろう被支援者が、家族にも地域にも本人の生にも接続されなかったような経験があって、それで国家なんかを持ち出して、間違った政治家や権力者が妄想しそうなことを、自分なら執行できると思ったのかもしれない。そして、このような施設労働や措置入院を経験した植松は、自らも国家に管理監視されていたことに気がついたのだ。最終的に自らの生を粗末に扱わざるをえなかったことが、今回の事件の発端となっただろう。彼は弱く未熟な介護労働者であったはずだ。施設の仕事を自らの力で変えることはできなかった。法律や病院や施設の中身を大きく変えることができるのは、その責任を与えられた人たちの側にある。

私たちはいわゆる「障害者」とつく集まりではない

短い命をその死に抗いながらも生きなくてはならないのだ。申し訳程度にも及ばなく、与えられた「障害者」なんて生き方にはこだわっていない。情け容赦のないグローバル経済が当たり前の顔をして私たちに迫ってくるのであれば、その大きな顔を情け容赦なくひっぱたく。そういうことがあればひっぱたけるように、日ごろからの情けには気をつかっている。その多くは小さな集まりである。企業に就職するのも労働者としてジリ貧なので、自分たちで仕事を作らなくてはと、「スローワーク」と名前をつけて、駅前のビルの上に「コモンズ」というカフェを一〇年前に作って運営した。しかし、働いてくれた人に時給を支払うための経営が難しく五年ほどは踏ん張ったが、結局は就労継続支援事業に乗っ取られたのだった。今では平日昼間は精神障害者と言われた人ばかりが働くようになったが、それはやりたかったことと違ってしまった。私たちの多くは障害者手帳にも薬にも頼りたくない人がほとんどで、福祉事業がやりたいのではないからだ。かつては大学生の不登校と言われて問題とされるようになったことがきっかけで、私たちの活動は始まった。のちに「引きこもり」と呼ばれるようになったが、私たちはその「引きこもり」がなぜ問題となり、個々にもどのように解決されていくのかを今でも考え続けている。引きこもるのだからこちらから行かなくてはならない。一つ一つの家を長い期間かけて訪問したりする活動を通して言えるのは、時間と費用もかかるコミュニケーションである。だが、そのような出会いこそが、私たちの生き方を支えているといっていい。

イタリアには、精神病院がない。最近トリノに旅行にいった友人から、精神病院を不法占拠（スクウォット）して、アナキストだかコミュニストだかが社会センターにしているとの話しを聞いた。正直羨ましい。日本には世界的にもおかしなくらいたくさんある精神病院が、なぜイタリアではなくすことができたのか。その理由はいくつかあるとは思うが、トリエステの精神科医が来日して話していたことに重要と思うことがあった。日本でいう精神病の急性期の状態を「クライシス」と言うそうだが、その「クライシス」は本人だけでなく家族や周辺のコミュニティや精神医療スタッフにとっての「危機」であり、乗り越えて成長するための「機会」であるというのだ。もちろん全ての危機に対してそのようにあることができるか、乗り越えることができるのかは分からない。

ここからは私の解釈が入るが、しかし日本の精神医療はそのような「クライシス」という認識はなく、急性期はなんとしても「回避」されるものであると考えているだろう。それが「機会」であるのならば、日本では重大な治療の「機会」をみすみす「回避」していることになる。急性期を皆で乗り越えようとするイタリアと、鎮静剤を飲まし拘束し本人だけを隔離する日本の医療と決定的な違いは、この認識の違いにあるのではないか。そしてまさに今回の事件を通じての法による管理が、このような日本の医療の体質からきていることは間違いないだろう。この法案の成立は、日本の現代精神医療の敗北であると考えている。

こんな茶番にはつき合っていられない。再び

私たちの活動などを通して引きこもっていた状態にあった人が出てきて、しばらくして介護の仕事につき、一人暮らしをして地域生活をするなんてこともある。そういうことがあってからもだいぶ年月も経ち、周辺で一人暮らしをする人も増えた。彼・彼女らは病気や障害や貧困で自分よりも大変な人がたくさんあるだろうと、自らの苦悩を語るのは遠慮してきたような人でもある。外に出たことによる出会いの中で、他人の大変さも知ることになったが、自らの苦悩を隠す必要がないことも分かったりもする。そして、施設などの仕事の中で、自分が介護をする人が、家族や誰にも必要とされていないことを知るようなことがある。そのような出会いに戸惑い、出会い自体をなかったことにして、また自らの苦悩を隠し、目の前の労働に逃げ込むことがある。

今、私たちは、そのように多くなった一人暮らしに対応するため、賃貸生活者を中心としたニュー自治会を作ろうと準備している。地主たちの自治会がなくなりつつある昨今だが、仮住まいが長引いた人が、たまには公園の掃除くらいやって、地域は自分たちの場所だと、のびのびとしたいのだ。今の社会状況はクライシスだと考えるが、この機会を回避するのではなく、地域で乗り越えたい。

エピローグ　再び「共生」を問う

堀　利和

言葉「共生」の美辞麗句を問う

共生、共生する社会という言葉が最近特に花盛りとなってきているが、それが本物かどうかをしっかり検証する必要があろう。とかく、そのような言葉が大衆化されると、それはそれとして広く周知されることはとてもよいことである。しかしそのような言葉がいったん大衆化されると、その言葉が持つ本来の意味が失われ、矮小化されてしまう傾向にある。それは大変残念である。

言い方を変えれば、上滑りの表面的な軽い意味に流されてしまい、いつでも、どこでも、誰でも、ということになりかねない。それだけに、「共生」という言葉も今や同じ運命にあるように思われてならない、残念ながら。しかし反面その一方で言えることは、言葉や概念、理念といったものが時代とともに進化・発展していくこともたしかである。これが概念的イノベーションであるといえる。

例えばノーマライゼーション、インテグレーション、インクルージョン、バリアフリー、ユニバーサルデザインなど、その言葉の概念は時代とともに移りゆく。この場合の変化は、そのときどきの時代の限界とその超克を映し出す鏡である。それを説明すれば、インクルージョンはインテグレーションの発展概念となる。

ちなみにインテグレーションとは「統合」であり、これにたいしてインクルージョンとは「包摂」である。このインテグレーションとインクルージョンの二つの概念の関係を、私なりに比喩をもって説明すれば、化学反応における混合と化合ということになる。

インテグレーションとしての混合は、例えば水と砂糖を混ぜ合わせてもそれは単なる砂糖水となり、インクルージョンとしての化合はH_2+Oを一緒にすればH_2Oすなわち水となる。化学反応としての化合は質的変化をとげる。このように障害者と健常者をただインテグレーション（統合）しただけでは単に混合でしかない、質的変化は起きない。健常者は健常者のままである。

これに対して障害者と健常者を「共に」のインクルージョン（包摂）した場合には化合、すなわち質的変化がおきて、健常者も変わる、変わらざるをえない。今日から明日へと変わっていく。もちろんリスクとして予想されるのは、インクルージョン（包摂）の化合は静かには化学反応をおこさないかもしれない。熱や泡を発生させるかもしれない。しかしその後は時間がかかっても化合物が誕生するのは確かであろう。

さて、そこで問題を元に戻し、共生する社会の本来の意味を考えると、翻っていえば、その社会の実現を簡単には許さない根本的阻害要因、すなわち物質的諸条件とそれに基礎づけられた一般的な観念、それらを徹底分析し、研究し、その本質に肉迫し、もって、それをアウフヘーベン（止揚）しなければならないであろう。そのことなしには本来の言葉「共生」の意味は獲得できない。それだけに、言葉が発する美辞麗句に無批判的に酔いしれてはならない。そうはいうものの、まず、美辞麗句に酔いしれてみよう。

障害者基本法第一条（目的）　全ての国民が、障害の有無にかかわらず、等しく基本的人権を共有するかけがえのない個人として尊重されるものであるとの理念に則り、全ての国民が、障害の有無によって分け隔てられることなく、相互に人格と個性を尊重し合いながら共生する社会を実現するため…

ともに生きる社会　かながわ憲章

一　私たちは、あたたかい心をもって、すべての人のいのちを大切にします
一　私たちは、誰もがその人らしく暮らすことのできる地域社会を実現します
一　私たちは、障がい者の社会への参加を妨げるあらゆる壁、いかなる偏見や差別も排除します
一　私たちは、この憲章の実現に向けて、県民総ぐるみで取り組みます

平成二八年一〇月一四日　神奈川県

まるで二日酔いするほどの美辞麗句である。確かに、この美味はひどい二日酔いになるだろう。なぜなら、酔い覚めの後の現状、現実が待ち受けているからであり、その二つの、つまり「美辞麗句」と「現状」の二つの世界の間には、あまりにも大きな乖離、いやもう少し踏み込んでいえば、論理

矛盾を隠ぺいするための言い訳、その体質、うんざりするほどの謙虚さのなさ、とどのつまり、合理性と不合理性の、統一性と不統一性の見えすぎた両面作戦であるといえるからであろう。

再び降って湧いた施設問題

七〇年代は「施設解体」「親は敵だ」、これらは今ほどに自己決定や自立生活、そのための制度がまったくなかった時代である。この四十数年間は無から有への激しい闘争の歴史であった。「そよ風のように町に出よう」というのもあった。

「施設解体」のテーマは、その後、脱施設派と施設改革派に分かれていった。そして「親は敵だ」も、親離れ・子離れの自立生活運動、自己決定への確立に向かっていった。それらは総じて、地域運動に入り込んでいったといえる。

私にとってその始まりは、一九七三年の府中療育センター闘争からである。都庁本館前の二年近くにおよぶテント座り込み闘争であった。

ともに学び・育ち、生きる、働く、こうした地域運動を長年続けてきた私に、ふっと、再び降りかかってきたのが、まさに津久井やまゆり園事件と、そしてその建て直しをめぐる問題であった。この不幸な事件が、施設問題を私に覚醒させた。

施設問題を今日的に総括すれば、いささか比喩としては不適切かもしれないが、ふるいにかけられた小さな砂は下（地域）に落ちていって、ふるいに残されたのが小さな石ころ。その小さな石ころが、いわば津久井やまゆり園などに収容されていた重度の知的障害者であったと言える。施設には入らない、施設から出てきた地域運動は、決して施設問題の残滓を軽んじたり忘れたりしたわけではないが、もちろんその責任の大半はむしろ政策決定の政治や行政にこそある。

そのうえで、今回の津久井やまゆり園事件とその建て直し問題を考える時、私はもちろん脱施設の立場だが、尾野前会長の、「一旦、津久井やまゆり園に戻ってから」という思いは充分理解できる。政策的に時間をかけて丁寧に地域移行を進めるのとは明らかに異なり、事件によっていきなり、なんの前触れもなく、準備のないまま園から放り出されてしまったからである。その不安と苦悩は共有できるつもりである。しかし、なおも、私は「私」をこだわり続けたいのである。たとえ今回の当事者が本人や家族であったとしても、たとえ私が第三者の外人部隊だったとしても、頑張り続けたいのである。

そこで、今、津久井やまゆり園の建て替え問題とどう向き合い、どう現実的な落としどころを見つければ良いのかということになる。日和見主義的にいえば、同様の施設をどうしても建て直すというのであれば、県も、神奈川共同会も、家族会も、次のような「声明」を出すべきであろう。それが長年地域運動をし、自立生活運動をしてきた者への、最低の仁義である。

津久井やまゆり園の建て直しは、全国に誤ったメッセージを送りかねない。やっぱり重度の障害者には施設が必要だ、最良の選択だ、と。不幸にして全国からの注目を浴びてしまい、それが北海道や鹿児島で古くなった施設を建て直すということとは訳が違う。だから、津久井やまゆり園の建て直しはあの事件のせいで、つまり一般化できない特殊な、例外的な措置であるということを、大規模施設を一般的に容認するものではない旨の「声明」を発表すべきである。それが唯一の残された責任である。

「共生」は社会変革から

既存の既成の価値観、現状主義、ことなかれ主義では決して「共生」は実現できない。社会変革なしには実現できないのである。

そのことを、とりわけ障害者の労働問題に置き換えて考えてみたい。

というと、とんでもない、軽く見ている、重度知的障害者にはそんなもの無縁だ、なんの解決にもならないという非難めいた抗議が聞こえてきそうである。だが、冷静に考えていただきたい。重度ごっこの競争をしても仕方がない。それは、すべてにおいて思考停止と断絶を招くだけであろう。事例は次のとおりである。

台湾の財団法人勝利財団台北心障礙潜能發展中心が経営するファミリーマートがある。一六人の従業員のうち障害者は九人で、レジの仕事は身体、聴覚障害者、品物の配置は知的・精神障害者。これだけでは私も驚きはしない。ところが店に入ると入り口で女性が大きな声で呼びかけてきた。中国語なので何を言っているかわからなかったが、説明によると、中度の知的障害を持つ女性がお客に挨拶。それではたして顧客が一人でも二人でも増えるかどうかはわからないが、しかし勝利財団ではそうしているのである。

知人から聞いた話だが、アメリカのスーパーマーケットで、レジの近くで車いすの重度脳性麻痺者の女性がお客に挨拶、それも「にっこり」するだけ。それが仕事。また、地方都市のことであるが、はさみで紙を切るのにこだわる知的（自閉症かも）障害の男性がいて、それでコミュニティマガジンの残部処理に彼が貢献し、賃金を得ているというのである。

以上のことが、もちろん、経営にどれだけ貢献し、売り上げに寄与しているかはわからないが、実際にこうしたことが行われて可能となっている。

ここで立ち止まって考えてみよう。経済は何のために、誰のためにあるのかである。経済のための人間なのか、それとも人間のための経済なのか。すなわち、社会のための人間なのか、それとも人間のための社会なのかである。カントは、人間は手段であると同時に目的である、と「目的」を強調した道徳論を説いている。

さらに話を前に進めよう。私が都立城南養護学校のスクールバスの添乗員をしていたときに出会った中学部二年の知的・身体の重複障害児。言葉がなく、新聞を破るのが大好きな彼であった。一九七九年に三一書房から共著で出版した『障害者と職業選択』に掲載した当時の私の詩を参考にしていただきたい。

新聞を破ろう　――私が出会った少年、H君へ――

目を細めて
「精薄児」と呼ばれても
少年はきっと

彼らを
「超人」とも「賢者」ともよばないだろう
少年は新聞を破ることが好きな
「精薄児」ではない
少年は新聞を破ることが好きな
「超人」ではない
少年は新聞を破ることが好きな
少年である
新聞は
印刷されて
配達されて
読まれて
破られて
一生を終える
新聞は「超人」も「精薄児」も意識しない

少年よ
きみが好きな

新聞を破ることは
職業ではない
けれども少年よ
それを職業に変えることはできる！
もし彼らが「超人」で「賢者」であるなら

だから少年よ
それまで
彼らが成長するまで
新聞を破いていよう

青い芝の会の「行動綱領」は私にとってのバイブルである。同時代を生きてきた私にとっては、青い芝の理念と運動は深く共鳴できた。ところが、労働観、労働論についてはまったく違っていた。というのも、労働は生産であり、それ以上でもそれ以下でもなく、障害者の労働と健全者の労働という二種類があるわけではない。

青い芝の会の説明はこうである。重度脳性麻痺者がおむつを替える際に腰を上げるのを「労働」というのである。言わんとすることは解らないわけではないが、しかしそれは「労働」ではない。

では、何を変革してそれを労働にするのか。組織内に、地域内に、社会内に、まず「包摂」ありき。

おむつを替えるために腰を「上げる」のはそのままでは労働にはならないが、人間は「社会―内―存在」であるから、組織の中で、あるいは経済関係の中で、人間関係の中で、それを「労働」に転化することはできる。

だが、それが現実の中では阻害されている。だからこそ、関係性の変革、社会の変革、経済の変革、価値の変革が求められる。

「共生」は、すべての変革なしには達成できない。絶えざる変革である。〈共生社会〉への実現は、私たちの津久井やまゆり園事件から、また始まった。

終わりにあたり、お忙しい中、本書に原稿を寄せてくださった執筆者の皆様に対し心から感謝申し上げるとともに、「論争」として世に問いかける書になることを心から願ってやみません。

また、五月二七日の相模原集会に参加された社会評論社松田健二社長から、私に本書を出すよう依頼があり、作業に取り掛かった次第です。この機会を与えていただいたことに対し、この場を借りて、感謝申し上げる次第です。

なお、私が視覚障害者で点字使用のため作業協力をいただいた大澤美代、堀美惠子、その他対面朗読者の皆さんにもお礼申し上げます。

二〇一七年七月二六日

〔執筆者紹介〕

尾野　剛志　津久井やまゆり園家族会前会長
岡部　耕典　早稲田大学教授
名谷　和子　障害児を普通学校へ全国連絡会運営委員
平野　泰史　津久井やまゆり園家族会
岩橋　誠治　たこの木クラブ代表（東京都多摩市）
伊藤　勲　認定非営利活動法人やまぼうし理事長
佐瀬　睦夫　社会福祉法人県央福祉会理事長（神奈川県）
斎藤　縣三　特定非営利活動法人わっぱの会理事長（名古屋市）
高木　千恵子　障害児を普通学校へ全国連絡会運営委員
河東田　博　浦和大学特任教授
藤本　豊　明治大学／立教大学兼任講師
池原　毅和　弁護士　早稲田大学招聘研究員
長谷川　利夫　杏林大学教授
桐原　尚之　全国「精神病」者集団運営委員
山本　深雪　認定NPO大阪精神医療人権センター副代表
浜島　恭子　DPI日本会議会員
藤井　哲也　横浜ピアスタッフ協会共同代表
加藤　真規子　特定非営利活動法人こらーるたいとう代表
高橋　淳敏　ニュースタート事務局関西理事長

◯編著者略歴

堀　利和（ほりとしかず）
小学校４年生の時、清水小学校から静岡盲学校小学部に転校、東京教育大学附属盲学校高等部、明治学院大学、日本社会事業学校卒。
参議院議員二期（社会党、民主党）。立教大学兼任講師。
現在、特定非営利活動法人共同連代表。『季刊福祉労働』編集長。
〈著書〉
『障害者と職業選択』共著　三一書房（1979年）
『生きざま政治のネットワーク』編著　現代書館（1995年）
『共生社会論―障がい者が解く「共生の遺伝子」説―』現代書館（2011年）
『はじめての障害者問題―社会が変われば「障害」も変わる―』現代書館（2013年）
『障害者が労働力商品を止揚したいわけ　―きらない　わけないともにはたらく―』社会評論社（2015年）
『アソシエーションの政治・経済学―人間学としての障害者問題と社会システムー』社会評論社（2016年）他

私たちの津久井やまゆり園事件
障害者とともに〈共生社会〉の明日へ

2017年9月1日　初版第1刷発行

編著者――――堀　利和
装　幀――――中野多恵子
発行人――――松田健二
発行所――――株式会社 社会評論社
東京都文京区本郷 2-3-10
電話：03-3814-3861　Fax：03-3818-2808
http://www.shahyo.com
組　版――――Luna エディット .LLC
印刷・製本――倉敷印刷 株式会社

Printed in japan